前　言

　　她以与众不同的人格气质和独特文笔，给读者展现了一个真情博爱的世界；她用纤弱的肩膀背起沉重的行囊，踏遍万水千山，只为寻找梦中的橄榄树，带给读者一个流浪远方的梦；她的足迹在短暂而精彩的一生中遍及世界各地，给世人留下了一串串难解的谜。她就是三毛，一个被无数青少年热爱、迷恋的传奇女子。

　　三毛原名陈懋平，1943年出生于重庆的一个律师家庭。少年时期的三毛个性冷淡而独立，内向而敏感。她最喜爱的就是读书。书，筑成了她童年生活的象牙塔，也造就了她丰富而充满幻想的内心世界。她上学时学习成绩优异，但在初中二年级时，由于遭到数学老师当众体罚，感到心灵受辱，从此不顾一切地逃学了。父母用尽一切办法也无济于事，只好让她休学在家。休学期间她仍然难以释怀，并越来越抗拒与外界接触。这次挫折将她囚禁在自己狭小的世界里，变得越发脆弱而偏执、叛逆而善感，也正是在这一时期，她开始将心中的孤独、迷惘化为文字，于是有了《惑》《月河》这两部作品的诞生。

为了帮助三毛走出心里的阴影，父亲不仅亲自教她古典文学和英文，还请人教她钢琴、画画。在画家顾福生先生的鼓励和肯定下，三毛一点点地走出了自卑和忧郁。原本以为从此可以安静地过上平凡的生活，不料情窦初开的她又掉进感情的旋涡，因为一段求而不得的初恋，她伤心欲绝，一心想要离开台湾这个伤心之地。

离开台湾是三毛一生的转折点。她先后到了西班牙、德国、美国等地，在异国流浪，远离熟悉的环境，去寻找生命的一种突破。而她也成功走出了心里的牢笼，以豁达、开朗、轻松的心态去迎接周围的一切。在这里，她邂逅了生命中的挚爱——荷西，但由于荷西当时还年少，两人短暂地错过了彼此。六年的光阴倏忽而逝，这时三毛已经回国任教并再次经历了感情上的重创——未婚夫因病猝亡。

或许是命运的安排，或许是三毛选择了逃避哀痛，她决心重返西班牙，并在那里再次与荷西相遇相恋。就在这时，三毛发现了一个全新的国度——西属撒哈拉沙漠。她被寂寞荒凉、淳朴自然及一望无际的黄沙深深地吸引，决定去探索这个未知的地域。她在撒哈拉沙漠尽情地释放自由的灵魂，她放眼人生、驰骋山水、挥洒情感。尽管沙漠里条件艰苦，物质资源匮乏，但在她眼里，一切都充满了快乐——荷西的爱情、沙漠的壮阔凄美、沙漠土著人的原始自然，这一切都符合她对于生命

带着丰满的自己去流浪

三毛传

林小光◎著

内蒙古出版集团　远方出版社

图书在版编目（CIP）数据

三毛传 ／ 林小光 著．－－呼和浩特：远方出版社，2016.7
ISBN 978－7－5555－0737－6

Ⅰ.①三… Ⅱ.①林… Ⅲ.①三毛（1943－1991）－传记
Ⅳ.①K825.6

中国版本图书馆 CIP 数据核字（2016）第 175179 号

三毛传

作　　者	林小光
责任编辑	孟繁龙
责任校对	董美鲜
封面设计	柏拉图
版式设计	梁小丹
出版发行	内蒙古出版集团　远方出版社
社　　址	呼和浩特市乌兰察布东路 666 号　邮编：010010
电　　话	（0471）2236471 总编室　2236460 发行部
经　　销	新华书店
印　　刷	北京振兴源印务有限公司
开　　本	880mm×1230mm　1/32
字　　数	207 千
印　　张	9.25
版　　次	2016 年 7 月第 1 版
印　　次	2016 年 9 月第 1 次印刷
印　　数	1—5 000 册
标准书号	ISBN 978－7－5555－0737－6
定　　价	32.00 元

如发现印装质量问题，请与出版社联系调换。

美和自由的向往。在这里,她的创作灵感源源不断,写下了妙趣横生的《撒哈拉的故事》《中国饭店》等一部部脍炙人口的作品。从三毛一系列的沙漠故事中,我们可以充分感受到生活的真实、生命自由的可贵。

"爱情不是必需,少了它心中却也荒凉。荒凉日子难过,难过的岂止是爱情?"这是三毛写过的一句话。她在沙漠里的快乐,最重要的是有荷西相伴。这个诚挚、憨厚、慷慨好义的西班牙男子,了解三毛所有的风情,他让三毛得以做一个自由的妻子。同时,他的豁达、开朗和激情也影响着三毛。与荷西的婚姻生活,使三毛真正体会到了人生的喜悦。然而好景不长,荷西因为一次潜水意外不幸去世。荷西的死,使三毛的精神世界骤然坍塌,令她再度陷入孤独与寂寞,乃至无限的悲哀之中。她一度想要自杀,最终在父母、好友的苦苦相劝下才打消这一念头。她用尽余生去思念荷西,写下了《梦里花落知多少》《不死鸟》等文章,用她那滴血的笔,写出了荷西逝世前那段充满死亡气息的日子,写出了荷西逝世后自己灵魂无依的孤寂,写出了自己对荷西无尽的思念。

此后,三毛的厌世情绪一日重似一日,她也试图通过工作、任教、演讲以及到世界各地去游历等方式来调节自己的心态,她在这一时期创作的剧本《滚滚红尘》最能揭示她那复杂矛盾的心情和哀痛。最终,当消极与挣扎到了一种绝境并无法解脱时,三毛还是选择了死亡。

三毛的一生,无需太多的描述就已经足够精彩。她追求的是一方净土,灵魂可以在那里自由飞翔,思想可以在那里肆意遨游。

本书以三毛的生平为主线,作者查阅了大量资料,其中有三毛本人的诗文,与家人、友人的来往书信等,力求还原她生前一个个细致生动的场景,再结合唯美脱俗的文字,刻画出其独特经历中所孕育的丰富个性,让读者跟随着作者的笔触,去了解一位随性洒脱、恣意而活的三毛,一同去寻找那梦中的橄榄树、那柔情的雨季、那永远的撒哈拉……

目 录

第一章　梦始硝烟雾都城　　1

　　轻踏尘世　　2
　　古怪的孩子　　7
　　与"三毛"结缘　　13

第二章　渴望自由的少女　　19

　　"红楼"之缘　　20
　　戒不掉的拾荒　　26
　　哑巴情谊　　31
　　青春染世　　36
　　心灵牢笼　　42
　　逃学生涯　　45
　　装在套子里的人　　51

第三章　倔强蔷薇孤独绽放　59

　　静流时光　　　　60
　　钟情毕加索　　　63
　　点亮生命　　　　68
　　雨季文学　　　　74
　　青涩的年轮　　　80
　　重拾自信　　　　86

第四章　恋爱的滋味　91

　　花季的爱情　　　92
　　初恋的那些事　　99
　　雨季不再来　　　105
　　飞翔的蒲公英　　112
　　初遇荷西　　　　119

第五章　山有木兮木有枝　125

　　恋爱多幕剧　　　126
　　辗转回台　　　　131

半途新娘　　　　135
再次漂泊　　　　140
荷西，我回来了　143

第六章　白首不相离　　153

撒哈拉之梦　　　154
我愿意　　　　　160
简单的幸福　　　166
"中国饭店"　　　172
沙漠文学　　　　177
撒哈拉威人　　　183
哭泣的撒哈拉　　189

第七章　聚散离别两茫茫　　195

再见了，撒哈拉　196
返台之行　　　　202
但愿人长久　　　206
死亡信号　　　　210

天人永隔　　　　　215
　　无法愈合的伤　　　222

第八章　万水千山走遍　227

　　独自漂泊　　　　　228
　　孀居生活　　　　　233
　　南美之行　　　　　238
　　华冈教学　　　　　244
　　落叶寻根　　　　　250

第九章　花开花落终有时　257

　　在那遥远的地方　　258
　　《滚滚红尘》　　　267
　　花开无声，花落无痕　274
　　自然的回声　　　　282

第一章　梦始硝烟雾都城

　　世间女子，大都借着一柳、一树，在杨柳岸边吟诗弄花，演绎儿女情长，似水流年。而她，却选择了黄沙飞扬，寸草难生的撒哈拉沙漠，用自己的一颦、一笑、一投足，演绎了一个不同的人生。

轻踏尘世

　　1943年的重庆恰逢阳春三月。早春的山城景色绝美,掩映在雾霭中的山水,如同半遮美颜的仙女,令人如痴如醉。然而,那时的山城并不如这如烟的美景伊人,缓缓流过山城的嘉陵江水泛着潋滟的血色,缭绕的雾霭中能嗅到血腥的味道。那时抗战仍未结束,正是在黎明到来之前最黑暗的时刻。

　　1937年,由于国民党军队接连败退,不得不将政治中心从南京迁到了重庆。从那时起,这座常被雾气缭绕的山城,成了中国战时的陪都,即将承载着重大转变……

　　山城不再平静,前方战线哀鸿遍野,城内的人却在灯红酒绿中忘却战争带来的伤痛,他们醉生梦死,恨不得将余生的欢愉全部耗尽。这个昔日里宁静的山城,迎来了形形色色的异乡人,他们无奈而痛苦地承受着战争带来的煎熬和伤痛。这里不得不提的是,那里还有一群靠笔墨为生的知识分子,三毛的父亲就在其中。

　　三毛的父亲叫陈嗣庆,浙江定海岱山岛小沙乡人,早年在苏州东吴大学法律系就读,后来在上海做了教书匠。抗战时期辗转到了重庆，仍靠从事法律方面的工作维持生计。

三毛的母亲叫缪进兰，出生于上海，高中毕业后就嫁给了陈嗣庆。她最初也做过小学老师，后来便做了专职太太，在家相夫教子。缪进兰在高中时还参加过学校里的抗日组织，积极参与抗日救亡运动，是运动中的积极分子。

1943年3月26日，在重庆一个叫黄角桠的地方，陈嗣庆的第二个女儿三毛出生了。

在黄角桠，当时流传着这样一个民谣："黄角桠，黄角桠，黄角桠下有个家。生个儿子会打仗，生个女儿写文章。"果然，陈嗣庆的二女儿应了这个民谣，早早地便显露出了自己的文学天分和才华，并终生以文为生。三毛的姐姐陈田心是音乐教师，大弟陈圣经商，小弟陈杰学法律。

所有的父母在迎接他们共同缔造的新生命到来时，都会欣喜万分，陈嗣庆夫妇也不例外。他们看着这个呱呱坠地的新生命，心中充满了对未来的期望和憧憬，加上三毛出生时恰逢战乱年头，陈嗣庆夫妇把对和平的渴望也倾注在了三毛身上。他们希望自己的女儿不要像自己一样经历战争的苦楚，颠沛流离，可以安稳、幸福地生活。所以，他们给三毛取名为"陈懋平"，其中"懋（mào）"字沿袭了家谱上的辈分排行，他们希望这个名字可以给三毛带来福音。

父母都希望子女一生平安快乐，可惜，幸福只是敲开了三毛的门，还没来得及好好感受，就已经飘走了。三毛的性格也许注定了她多舛的命运，小时候的自闭性格让父母忧愁，几次的自杀让父母心力交瘁。好不容易长大，却又远走他乡，最后还是以自杀来结束自己的生命。

虽然父母的心愿是美好的，但是三毛并不喜欢。天性喜好自由和漂泊的她，对如此厚望并不领情，而且那个"懋"字偏偏那么多笔画，写起来复杂得很。在她三岁左右开始学习写名字时，总会因为写不好而被父亲批评。三毛被父亲责骂后，既不解释，也不示弱，后来干脆将笔画烦琐的"懋"字省去，直接写成"陈平"。此后，任凭父亲如何劝说和教诲，她也坚持不变。

一个女孩子家，年纪不大，性情却如此倔强。这样一个孩子，却又出生在这样一个年代，母亲不由得摇头叹气，而父亲陈嗣庆却依稀看到了希望。他觉得三毛这样独特的个性，日后必能坚持梦想，说不定还会有所成就。于是，父亲索性就遂了她的心意，让她改名为"陈平"。而三毛的其他姐妹兄弟，也跟着沾了光。人们常说，三岁看小，七岁看老，小小的三毛个性已然显露。她倔强而坚定，对于外界强加给她的枷锁，她采取了简单而粗暴的应对方式——直接甩掉。

陈平是三毛的第二个名字，也是她的第一个笔名，在她十七岁的时候，就被大家所熟知。"三毛"这个名字是她在写《沙漠中的饭店》里面给自己取的笔名，另外，她还有一个英文名字，叫"Echo（艾珂）"，是一位希腊女神的名字，没有爱情，充满哀愁，她觉得这个名字和她很像。

而三毛最浪漫的一个名字是她的丈夫荷西给起的——我的撒哈拉之心。一个很长的名字，更是一段爱情和婚姻的见证。也只有荷西，才会如此亲切地称呼她。

有人说，这个世界上大多取得不凡成就的名人都是如此，他们有着各种各样的嗜好，有着与众不同的性格，有着与生俱来的脱俗气质。而这个还年幼的女孩子身上已然流露出了与众不同的气息：孤僻而敏感，固执而坚强。

三毛的母亲多年后回忆起三毛时，曾表示三毛很小的时候就喜欢和一些灵异的事物亲近，有时会让人觉得很惊悚。当年，离他们居住不远的地方是一座坟场，阴森的坟场总是阴风瑟瑟。一阵风呼啸而过，地上的枯叶和野草随之乱舞，乌鸦也在低空盘旋哀号，肃杀之气直慑人心。然而对三毛而言，她却并不晓得这样的感触，她甚至有些享受那里的纯净。

三毛第一次去坟场的时候，并没有表现出惧怕，反而好奇地盯着那些排列整齐的墓碑。她喜欢看墓碑上面那些奇异的文字，偶尔还会伸出手去触摸那些墓碑，她说她竟然嗅到了灵魂的味道，这让三毛兴奋不已。她甚至爬到坟头上玩起了泥巴，天黑了也全然不觉，直到母亲唤她回家。

在坟场见到三毛后，母亲惊讶不已，急忙领了她往家赶。在回家的路上，三毛告诉母亲："他们和我说话了。"听了三毛的话，母亲吓得面色铁青，声音都颤抖了，问她："知道那是什么地方吗？"三毛仰起头看着母亲，很郑重地回答道："那里有很多已经死去的人。"

后来，有人认为，或许对于三毛来说，死去比活着更好。离开了现实的这个世界，就远离了伤害。很多年后，当三毛流浪异乡时，幼时的记忆已然模糊，但是她却能在潜意识里感觉到灵魂的存在。那是一种很温暖的东西，就像人们饲养的小宠物狗，用温软的舌头舔舐着人的伤口。她也说不清自己为什么会那么忧伤，从小就这样，害怕受到外界的伤害。

有人说，三毛从出生伊始就是抗拒这个世界的，这也和她颠沛而传奇的一生相吻合。她的灵魂似乎从来到这个世界上开始，就一直在流浪,在山水间,在无垠的沙漠中流浪。这种难以名状的孤独和恐慌,始终萦绕在三毛的生命中从来不曾离去。

三毛的笔下曾经不止一次地提到对一部日本童话——《河童》的喜爱。在这部童话里,每一个孩子出生前妈妈都会问他愿不愿意来到这个世界,如果小孩子的回答是否定的,那么妈妈就会选择不把他生出来。她盼望着每个孩子都有充分的自由,可以让自己的人生摆脱种种束缚和羁绊。因为每个孩子都有选择自己人生的自由。倘若他不想来到这个世界,那么他可以选择不来。

三毛的心思是细腻而坚定的,她对自己的命运充满了思考和质疑,她反复敲打着自己的命运,虽然常常身不由己地随命运而前行,却长期与命运做着不懈的抗争。

也许,这就是宿命。无论你愿不愿意,你都无法阻止和改变。

古怪的孩子

终于，日军宣布无条件投降，这座充满了血腥气息的城市终于又活过来了。虽然暗流依旧涌动，但表面上的风平浪静让饱尝战争苦楚的人们依然倍感珍惜。然而，暂时的和平和安稳并没有让陈嗣庆停下颠簸的脚步，不久，陈嗣庆便举家迁往南京。

那时的南京被人描绘成一座哭泣的城市，因为就在几年前它经历过那场令世人惊骇的浩劫，三十多万鲜活的生命惨遭毫无人性的日军涂炭。昔日南京城里繁花似锦的秦淮河也不再千娇百媚地歌唱，整座城市如同一个孱弱的病人，蜷缩在一角默默地疗伤。

三毛对这座有着历史厚重感的城市很是喜欢，她沉醉在这种沧桑的味道里，那古朴、斑驳的城墙恰好与她苍凉的心境相吻合。每当她看到秦淮河上的游船孤单而落寞地驶过，她的心情也如枝头的枯叶一般哀鸣不已。后来，三毛去了台湾，她最喜欢看的书就是《红楼梦》，而每当读到情深处，她总会想起那时的南京，不禁潸然泪下。

陈嗣庆带着全家住进了南京鼓楼头条巷四号，一幢宽敞的西式宅院里，和三毛的大伯一家一起住。陈嗣庆还在当地开了一家律师事务所，这也使得家里的生活条件比在重庆时得到了很大的改善。在这座有着高大而明亮的窗户的房子里，三毛经常会坐在窗前浮想联翩，她还曾欢喜地告诉母亲，她正在举行一场盛大的婚礼，并向母亲描述婚礼的过程。母亲实在无法理解她的那些奇奇怪怪的想法是从哪里来的。

也不知道从什么时候起，三毛就被周围的人看作是性格古怪的孩子。她不合群，也不爱说话，她乐于接触的也都是一些奇怪的人或者事物，她对那些不被一般人所理解的事物情有独钟；但对其他孩子感兴趣的人或事没有一点兴趣，她觉得那很没意思。也许她后来的许多奇异的想法和情感，都是从幼年那三年的南京时光积累沉淀而来的，都或多或少地映射着她的童年。父亲陈嗣庆也说过："三毛小时候很独立，也很冷淡。"

那时，南京城里的孩子们喜欢玩一种游戏，用树枝和竹管做成机关枪的样子，然后分别扮作两队进行厮杀，而演日本兵的那一队是一定要输的。所以，南京城里经常会听到"日本兵"遭到"血洗"的惨叫。也许那场民族浩劫给南京造成的伤痛实在太大太大，就连孩子也无法忘却遗留在心中的阴影。这种游戏或许对于年幼的孩子们来说，也是一种心灵仇恨的释放。

但是三毛对此却不屑一顾，她认为这很虚伪。那时她喜欢做的事情就是坐在人家的门口，看宰羊。无从知晓她的内心里是从什么时候开始冒出了对杀戮的向往的。这个平时总是沉默寡言的女孩子，心里居然有着这样一种血腥的爱好，在别人看来残忍的事,她却看得津津有味。

洁白的羔羊被撂倒在地上,身上被绳子紧紧地束缚着,有时眼中还挂着大颗的泪水,然而这种无声的哀求并不能改变它们的命运。屠夫一把拎起可怜的羊儿,摔在案板上层层剥开,鲜血不断涌出,案板下的地慢慢变得殷红起来,泛着冷酷而夺目的光。而三毛此时会觉得很兴奋,甚至喉头还有甜味蹿出,有说不出的快感。

也许有人会觉得这个孩子有些冷酷和残忍。事实上,每个人年幼的时候,都曾冷酷或者残忍过,我们会随手捏死一条活蹦乱跳的小金鱼,也会紧紧攥着一只小鸡、小鸭,直到它不再动弹。而这并非意味着我们天性是残暴的,而是我们没有意识到自己的做法所造成的后果。三毛也是如此,她或许也只是在好奇心的驱使下,专注地看着宰杀羔羊,但也仅是对这一过程感兴趣而已。

三毛的母亲后来回忆说:"三毛,不足月的孩子,从小便显得精灵、倔强、任性。话虽不多却喜欢发问。喜欢书本、农作物,不爱洋娃娃、新衣裳。可以不哭不闹,默默独处。"

父亲陈嗣庆晚年也曾回忆起三毛当年的一件事。一天大家都在吃饭,突然听到不远处传来"啪啪"的打水声,声音又急又大。家人急忙跑出去看,只见小小的三毛头朝下,淹在深深的大水缸里,拼命地用双手撑住缸底,挺直身体,用小脚丫使劲儿地打水,以示求救。而当家人把她从水缸里抱出来时,她没有哭,只是淡淡地说了句:"感谢耶稣基督。"接着吐了口水,完全没有人们想象中的惊慌、恐惧和哭泣,她表现得是那样地镇定、理智，甚至还有些冷淡。但毫无疑问，三毛是聪明的。

还有一次，三毛在骑脚踏车时，一不留神掉进了一口废井里。她自己想办法爬了出来，而两个膝盖被摔得骨脂外露，她却毫不在乎："咦，烂肉裹得一层油原来就是脂肪，好看好看。"她不惧怕自己的伤痕，甚至在欣赏和把玩。在刺骨的疼痛背后，她看到的是另一种风景。

三毛的这种个性，或许只有她自己才明白。她的思维总是处于高速运转中，她的脑子里从不缺乏那些稀奇古怪的想法，就连玩耍的方式也与众不同。她喜欢跨着竹竿，绕着梧桐树"骑马"玩，采桑，追鹅，用树枝折成"点人机"。三毛还特别喜欢玩跳皮筋和收集糖纸。她在《胆小鬼》里也回忆了这样一段童年的经历：为了满足自己收集糖纸的爱好，她还做了一次"家贼"，她偷偷地从母亲的卧室里拿走了五元钱（相当于现在的一百多元台币）。做贼心虚的三毛一整天都魂不守舍，终于挨到了晚上，她又偷偷地把钱搓成一小团，扔回了母亲的卧室。

天秤座的荷西，平时和三毛在一起时，三毛可以空手插兜里走路，菜篮子、包、其他东西都由荷西来拿；可是在妈妈面前，三毛就自己提菜篮子，表演出自己的贤妻良母。平时和三毛在一起时，三毛可以随意地揪荷西的头发，让他背自己走路，可是只要爸妈在，荷西就要在三毛面前扮演出男子汉大丈夫的威严来。想想那个画面，真是可爱又可笑。

三毛总爱跟家里的一切东西讲话，过年了，她摸摸家里的木质沙发，会说："啊，你们被肉重身沉的大屁股压了整整一年了，辛苦，辛苦，过年好。"家里的三盆扶桑，一盆开花，一盆不开花,一盆刚长出嫩芽,三毛上去细心地抚摸它们:"过年好啊,过年好。"家里的书橱、椅子、床、电脑、晾衣架……你们过年好,过年好。没有旁的心思,就是觉得万物都有灵性。

也许是因为三毛太孤独了,她也需要倾诉的对象,只是找不到可以倾听的人。也许,比起别人,三毛更相信房间里的花、草。它们也更懂得三毛的孤独。

她的女友路斯去世后,三毛在心里和她说话:"路斯,路斯,你就这么走了,你这个不守信用的家伙,怎么死了一夜了没见分明呢?我不是你最好的朋友吗?"当初她们曾经约定,谁先走,灵魂必给另一方一个暗示。

可是几秒过后,客厅和花园之间的珠帘子"啪"的一声重重打在关着的木门上。三毛吓得从卧室跑出去看,那副珠帘又无风自动,再度打在门上,发出"啪"的一声,然后才由着惯性轻轻摆动,直到停止。

也只有三毛,也只有她才能和那些想象中的灵魂沟通,就像她笔下的《迷城——雨原之三》一样。

细细碎碎的雨声撒在塑胶布上,四周除了我之外,再没有人迹。

有东西来了,围在我的身边。

空气转寒了,背后一阵凉意袭上来。

——不要哭,安息啊,不要再哭了!

啜泣和呜咽不停,他们初来不能交谈。

可怜的鬼魂,我的朋友,有什么委屈,倾诉出来吧,毕竟我你们、爱你们的人不多!

　　云雨中,除了那条河水愤怒的声音传到高地上来之外,一切看似空茫宁静而安详。我将自己带入了另一个世界。

　　所以,三毛日后才会选择那样的死——为心而死。不挣扎,不抱怨,随心而死,心甘情愿,死得其所。

与"三毛"结缘

在鼓楼头条巷四号的房子里,三毛常常会坐在窗前浮想联翩。母亲宠爱她,常常让大姐陈田心来陪伴她,可是,大姐也不习惯三毛冷冷的性子,便扔给三毛几本小人书看,以打发时间。

谁也不会想到这不经意间的举动,却点燃了三毛与生俱来的读书爱好。就像一尾小小的鱼儿,突然投身到汪洋大海,三毛近乎疯狂地喜欢上了这些书,并且爱上了读书。从此,她有了自己的世界,她可以在自己的世界里尽情放逐自己的灵魂。

在南京的陈家,每天早上,院子里的莺鸟都会放声高歌。这惬意的乐章会一直传到陈家二楼的书房。陈家父母一向鼓励孩子们读书,为此专门为孩子们开辟了读书室,即便是仆人们的孩子也被准许出入书房。父亲叫它"读心室",取意人在书中可以认清心智。置身书房内,享受清晨新鲜宜人的空气,聆听鸟儿们动听的歌声,眼前是院子里的碧色梧桐,当真是无比赏心。

三毛虽然并不理解"心智"的意思,但是对书内的美景醉心不已。恰逢五六月份,院里满树的淡紫色梧桐花儿正对着书房的窗户,柔美的颜色加上淡淡的香气直让人心醉。而三毛的内心,却没来由地觉得紫色便是忧郁的颜色。浓郁的紫色盛开,恰如浓浓的哀愁。

三毛慢慢走到书橱前,踮起脚尖够到一本小人书,便坐在地上津津有味地读了起来。书中的字她并不全认识,常常要借助插图来猜测和理解书中讲述的故事。遇到实在不懂的地方,她就跑去问姐姐。就这样楼上楼下地跑着,对书中的疑惑之处不弄懂不罢休。书中讲述的那个在上海的大街小巷里流浪的孤儿,她和他一起经历了困难和挫折,碰到了坏人,也遇到好心人的相助,他们一同在坎坷的命运中寻求自己的那一份快乐。三毛看到情深处,不禁潸然泪下。

这本小人书就是《三毛流浪记》。对于那个年代的人来说,很少有人不知道张乐平的《三毛流浪记》。书中故事的主人公"三毛",更是家喻户晓。张乐平笔下三毛的悲惨命运曾经感动了一个时代。后来,她又读了关于"三毛"的另一本书《三毛从军记》。三毛曾回忆说:"我非常喜欢这两本书,虽然它的意思可能很深,可是我也可以从浅的地方看它。"可见,这两本书对三毛的影响是深刻而恒久的。时隔二十多年,三毛流浪到撒哈拉沙漠,她便用三毛的笔名进行写作,直至生命的尽头,演绎了短暂一生的痴狂与灿烂。

很多年后,三毛找到了这本小人书的作者张乐平,并认其为义父。她流着泪对他说:"在我最孤独的时候,我不是和周围的人说话,而是和书里的'三毛'说话。他从来不反驳我,只是默默地听着,我觉得好温暖。我觉得他与我很亲近,我和他是一样的,我们都是您的孩子。"

三毛还喜欢看童话,《木偶奇遇记》《格林童话》《爱的教育》《苦儿寻母记》她都读过。童话里所讲述的那些美好让她痴迷，虽然每个童话故事都有一个完美的结局，但是三毛似乎并不在乎结局如何，她向往的是图片里的景致，甚至是每个主人公所经历的坎坷与漂泊。

而这些童年时的梦和向往，终让三毛在多年后远走西班牙，走进撒哈拉沙漠。她对那种沧桑和漂泊如同毒瘾发作一样痴迷。三毛后来经常提到《爱的教育》这本书。在她还不明白灵魂是什么的时候，她有幸看到了这本书，接触到了无私与大爱、怜悯与关怀。这种体悟让三毛在漂泊时，仍然不感到寂寞与茫然，虽然不富裕，她却很慷慨，虽然孤独，她却乐于助人。

有人说，三毛这个人本身又何尝不是一个童话？她有着绚丽多彩的故事，有风和日丽，有电闪雷鸣，有爱她的王子，有惊险的历程……她在成年之后，用成人的方式讲述着许多童话故事。所以她拥有一个童话般的笔名，书写着梦一般的情感。因为，她自始至终，都是一个如童话般美好的人。

小时候，
乡愁是一枚小小的邮票，
我在这头，母亲在那头。
长大后，
乡愁是一张窄窄的船票，
我在这头，新娘在那头。
后来呀，
乡愁是一方矮矮的坟墓，
我在外头，母亲在里头。
而现在，

乡愁是一湾浅浅的海峡，
我在这头，大陆在那头。

这是余光中著名的诗歌——《乡愁》。就在三毛日思夜想要上学时，她终于进入了鼓楼幼儿园，可好景不长，他们又面临着迁徙。当时，内战的硝烟已经散去，国民党败局已定。一天，三毛在南京家里的假山堆上看桑树上的野蚕。这时，父亲陈嗣庆从外面回来了，手里还拿了一大沓金圆券。她和姐姐都高兴地拿了一沓玩儿，转身却瞥见家里的仆人在抹眼泪，说是要举家迁往台湾，逃难了。

对于国民党政府来说，远渡台湾是他们保住政权、寻求翻身的机会。但对更多的与之一同迁徙的人来说，那是一次永远离开家乡的忧伤旅程。从那之后，有多少人陷入长达半个世纪的乡愁中？又有多少人从此以泪洗面，将一段本该拥有幸福结局的美丽故事变作了莎士比亚式的苦痛悲歌！

对于三毛来说，也许这样的迁徙算不上坏事，因为她从不惧怕漂泊。在那样一个颠簸不定的大时代背景下，三毛对于这样的迁徙，倒没有太多的抱怨和伤感。只是，年少的三毛并不知道这一次远走他乡，她与南京这座古城从此天各一方，唯有思念绵长了。

三毛还记得，他们动身去台湾那天乘坐的船叫"中兴轮"。在那艘离乡的游轮上，姐姐陈田心也不舒服，而她又不想找弟弟玩儿，而母亲一直在晕船呕吐。母亲已经厌倦了这种居无定所的漂泊，也痛恨那飘摇、糟糕的乱世。身处这样的乱世，永远不知道下一站会是哪里，永远不知道什么时候可以安定下来。

整个航程如同受刑一般，漫长而无聊。靠岸之后，三毛的新家,位于台北建国北路朱厝仑,一幢日式的房子里,依然和大伯一家共同生活。那时金圆券早已贬值到不成样子。三毛的父亲也无法马上开张执业,而两个家庭里共有八个孩子等着吃饭、穿衣、上学,生活的窘迫和艰难可想而知。

而大人们的愁苦孩子们并不理解,他们生活在自己的世界里,依然对周围的事物充满了好奇。当三毛和哥哥姐姐们第一次踏进这座日式房子时,就对它产生了浓厚的兴趣,他们迫不及待地开始脱下鞋袜,兴奋地在榻榻米上蹦啊跳啊,全然忘记了和旅途的劳顿和疲惫。

他们还大声地叫喊着:"解放了!解放了!"而在当时的台湾,"解放"是个非常有政治敏感度的词。大人们听见后,急忙跑过来捂住他们的嘴巴,阻止他们继续喊叫。而对于三毛来说,除了榻榻米带来的片刻欢愉,她是不喜欢在台湾的日子的。她常常会坐在屋檐下安静地听雨声。台北的雨总是没完没了,就连空气里也总是潮湿和黏黏的,细细的雨丝带着轻柔的耳语落下来。三毛会觉得那雨是忧伤的,她还趁人们不注意时,偷偷地探出舌头去舔它们。

台北的家周边比较冷清,连商铺都寥寥无几,这些孩子们终日重复着几乎一样的生活。三毛常常会想起在南京时的日子,那青石板上的苔藓,秦淮河上的水草,甚至还有她会梦见的坟场里的灵魂,它们就像她此时的心境,哀伤而低沉。

到了三毛六岁的时候,母亲果断地送她入了学。三毛年纪虽小,但天资聪颖,写得一手好文章。在老师的眼里,这个瘦弱的小女孩的眼睛里,总是流露出与她的年龄不符的神情,封闭而忧郁。在老师的不断鼓励和表扬中,三毛渐渐地找到了自信,她开始让自己那颗封闭的心一点点打开。她每天都起得早早的,梳洗完毕去学校,她希望可以像姐姐一样得到人们的欣赏和赞扬。

很显然,短暂的学堂经历给了三毛一直都渴望的东西——被肯定、重视和赞许。虽然她的性格仍是那么与众不同,但是她被定位成富有才华的个性女孩。对于这个评价,三毛很是受用。

第二章　渴望自由的少女

　　我有一天长大了，希望做一个拾破烂的人。因为这种职业，不但可以呼吸新鲜的空气，同时又可以大街小巷地游走玩耍。一面工作一面游戏，自由快乐得如同天上的小鸟。更重要的是，人们常常不知不觉地将许多还可以利用的好东西当作垃圾丢掉。拾破烂的人最愉快的时刻就是将这些蒙尘的好东西再度发掘出来，这……

"红楼"之缘

或许是当年在南京的美好时光在三毛的记忆里永远留存着抹不去的烙印。三毛总能从淡淡的书香中嗅到那幽远的梧桐香气。这种奇妙的感觉跟随了她大半生,以致后来,三毛即便漂泊在外,依然对人生有着自己的感悟。书中的大千世界如同一盏明灯指引着她前行的方向,让她学会了遵从自己的内心,更精彩地生活。无须粉墨,无须掩饰,让自己自然地绽放,便是最美的生命。

三毛对书的痴迷从幼时就显露了出来。上小学的时候,她就得到过老师的表扬。当课本已然无法满足她的求知欲时,她开始将目光投向了那些课外读物。那时,三毛最大的愿望就是等待每月月中姐姐订购的《学友》和《东方少年》杂志发行。当时这两本杂志都是很优秀的杂志,对那一代孩子的影响很大。杂志一到,姐姐看完三毛看,遇到不懂的就去问姐姐。时间一长,聪慧的三毛自己也就会了,向姐姐求教的时候也越来越少了。

不仅如此,三毛还开始翻堂哥们的书架。她翻出了许多的书籍,包括鲁迅、巴金、老舍、周作人、郁达夫、冰心等人的作品。三毛沉醉在阅读的世界里。每读一本著作，都仿佛是在经历一种人生，那里有她期盼的愿景，有她从未听闻的生活，也有她曾经的过往。而对风格各异、种类繁多的著作的阅读，也为三毛日后自成一派打下了坚实的基础。

起初，她的二堂哥还因此嘲笑过她，问她能不能看懂，还让她看完后讲讲对内容的理解。可是，这对三毛而言简直再简单不过了。她第一次向二堂哥借的书是鲁迅的《风筝》，三毛读后感触良多。

不知又过了多久，三毛住的地方，开始有了公共汽车，通车的第一天，全家人还由大伯父领着去坐了一次车，拍了一张照片留念。

有了公车，这条建国北路也慢慢热闹起来了，各行各业都开了市，这其中，对三毛一生影响最大的商店也挂上了牌子——建国书店。

当家中的藏书亦无法完全满足三毛时，她便将目光盯上了附近的建国书店，那是个小租书店。那时还幼小的她并不能理解家里经济的拮据，她开始无休止地缠着母亲索要零花钱，她将得到的零花钱都用在了租书上。

起初在租书店里，她只能读懂儿童书，比如劳拉·英格尔的全套美国西部移民生活的故事书：《农夫的孩子》《森林中的小屋》《银河之滨》《梅河岸上》《黄金时代》等。渐渐地，三毛开始捧起了大块头：《三剑客》《堂·吉诃德》《飘》《简·爱》《傲慢与偏见》《呼啸山庄》《雷绮表姐》……这些连成年人也未必能悉数参透的书籍，却深深地吸引着三毛，让她深陷其中，欲罢不能。

书籍是个很奇妙的东西，每个人在品读每一本书籍的时候，都会有不同的感悟。比如《简·爱》，有人读出了追求独立的女性，也有人读出了庸俗不堪的言情故事。而对于当时的三毛而言，或许她并不能完全理解那些名著的内容和意境，但她如此地痴迷于那些书中的大千世界，她看到了那些文豪身上所散发出的人性光辉，她甚至读懂了那些作品里来自社会最底层的强烈诉求，读出了他们对那个时代隐晦的批判。

当三毛对那些西方名著足够熟识后，她又对中国长篇小说产生了兴趣。或许当时吸引她的并不是书里的内容，而是精致的装订。那有些泛黄的薄伴纸，白棉的装订线，扉页的水彩画，还有封面娟秀的毛笔字……三毛读的第一部中国长篇小说是《风萧萧》，一部富有浪漫主义色彩而又不乏生命哲学价值的著作。三毛喜欢作品里流露出的情怀，更对新体裁兴致勃勃。时隔二十年，这本书的作者许訏成了三毛的干爸。这种由文字结下的缘分，即便历经二十年岁月的流逝，依然深厚如初，恐怕这也是三毛对书籍情有独钟的原因之一吧。

到了小学五年级，三毛的阅读能力在同龄人中已经相当出色了。而这种出色也在一定程度上注定了三毛的与众不同、不合群。或许正应了那句话——天才总是孤独的。到了五年级的下学期，三毛开始读曹雪芹的《红楼梦》。

《红楼梦》在中国文学史上的地位不言而喻，数不清有多少文学少年都是因这本书而踏上了追求文学的道路，又有多少人甚至倾其一生探求其中的奥妙。它在中国的文学史上已经成为一个永恒的话题。而三毛也不例外，那时的她太痴迷，放学的时间已经不能满足她的欲望，只能上课时偷偷地读。她把书藏在裙子下面，趁老师转身写板书时，她就掀起裙子偷偷地看几眼。在她读到第一百二十回"甄士隐详说太虚情，贾雨村归结红楼梦"时，一份莫名的感动油然而生：

当我初念到宝玉失踪，贾政泊舟在客地，当时，天下着茫茫的大雪，贾政写家书，正想到宝玉，突然见到岸边雪地上一个猩猩大红氅、光着头、赤着脚的人向他倒身大拜下去，贾政连忙站起来要回礼，再一看，那人双手合十，面上似悲似喜，不正是宝玉吗？这时候突然上来了一僧一道，挟着宝玉高歌而去，"我所居兮，青埂之峰；我所游兮，鸿蒙太空；谁与我逝兮，吾谁与从？渺渺茫茫兮，归彼大荒"！当我看完这一段时，我抬起头来，愣愣地望着前方同学的背，我待在那儿，忘了身在何处。心里的滋味，已不是流泪和感动所能形容。我痴痴地坐着，痴痴地听着，好似老师在很远的地方叫我的名字，可是我竟没有回答她。

三毛早已深深地陷入到了书的意境中。她仿佛看到了茫茫的雪地上，宝玉到来的样子，亦悲亦喜，眼神中流露出决绝的凛然，心意已定。宝玉孑然转身，身后留下一串脚印，三毛仿佛能触摸到宝玉的心已经空了，她甚至觉得自己的心也跟着空空如也，只想逃到一个清净没有烦恼的地方，就那么流浪。

而老师看到三毛这副神情时，不禁愣住了。老师也不知道三毛究竟出了什么状况，也没有责骂她，只是上前关切地问她是不是哪里不舒服。三毛没有回答，只是对老师恍惚一笑。也就是这一笑，三毛突然明白了，"什么叫作'境界'，我终于懂了。文学的美，终其一生，将是我追求的目标了"。这也是三毛第一次领悟到有关境界的评价。她终于不再停留在肤浅的阅读上，开始努力吸取书中的精华了。

《红楼梦》里，有多情、温和的宝玉，有敏感、细心的黛玉，有才华横溢的宝钗，有雕栏玉砌，有百转柔肠；里面的爱情，人物的穿着，下面的注释……都深深地吸引着三毛。就像书中说的：假作真时真亦假，无为有处有还无。

在三毛的读书生涯里，还有两本书对她产生了深远的影响。小学六年级时，正值紧张的毕业考试，其他孩子都还在紧张的复习中，担心无法通过小升初的考试。而三毛却利用课堂时间偷偷读完整本《射雕英雄传》。从那时开始，三毛也和很多自小热爱武侠小说的孩子们一样，成了金庸的忠实书迷。自那时起，金庸每出一本小说，三毛就立刻买来品读。三毛对金庸笔下的每个人物都有自己独特的见解。她认为金庸早期的作品有苍凉的韵味，诗意浓浓，与后期的作品相比，更富有文学魅力。

另一部对三毛产生深厚影响的作品便是四大名著中的《水浒传》。这部书的文学表现手法对三毛日后的写作风格的影响不容忽视。三毛的成名作品集《撒哈拉的故事》中，生动活泼的白描手法就充分借鉴了这部书中常用的白描手法。此外，三毛在沙漠里的第一篇作品《沙漠中的饭店》中，也提及她"在一旁看那第一千遍的《水浒传》"。

三毛认为，《红楼梦》能够让人的思想得到升华，而《水浒传》则能直接教授人们如何去运用文字。后来，在1982年，三毛到中国台湾文化学院教中文，还特意讲授与《水浒传》有关的专题课程。

除了文学作品，三毛对有关历史和科普的书籍也有涉猎。在她买的最早的一些书中，有《九国革命史》和《十万个为什么》。母亲还曾鼓励三毛读一些浅显的英文小说。就这样，三毛读完了英文版本的《李伯大梦》《无头骑士》《爱丽丝梦游仙境》等。她还特别崇拜俄国作家托尔斯泰、屠格涅夫、果戈理、陀思妥耶夫斯基……年少却足够聪明的她，已经看出了这些文学巨匠笔下的那些人性的光辉。

　　有人说，文学是需要天生的悟性的，即便可以通过后天的努力去培养，但终不如与生俱来的悟性纯粹。这段读书生涯对与文字有缘的三毛而言，更是奠定了她日后在文学上的成就。

戒不掉的拾荒

三毛的个性安静而忧郁。她从小走路就喜欢四处张望，仿佛总也看不够路边的景色。读小学时，每当放学，她都会让同学帮她把书包捎回家，而她一个人沿着田间小径，慢腾腾地游荡，虽然百无聊赖，却也轻松自在。这一路，她还能拾到很多被她视为珍宝的东西：或者是一颗闪闪发光的玻璃球，或者是一枚做工精巧的胸针，或者是一只倒霉的小狗掉落的一颗牙齿，甚至是一个空的香水瓶……运气好的时候，三毛还可能会捡到一毛钱。那时的一毛钱可以让三毛去租书店租下一部好书。

这些在普通人眼中再寻常不过的垃圾，在三毛眼里却备受珍视。她拾得这些东西，并非单纯为了好玩儿，更多的是有一种同病相怜的感情。

只是，这样一个在三毛眼中的浪漫行为，却并不被人理解，甚至还被人说成是怪癖。只是，天才之所以成为天才，恰是因为他的与众不同。

那天在课堂上，国文老师布置了作业，要求写一篇作文，写自己的理想。这对于从小就喜欢读书的三毛而言，无疑是小菜一碟。而她当时也是班级里写作的佼佼者，几乎每次写作文，老师都不用多看，就让她当众朗读自己的文章。于是，这次三毛又被叫起来当众朗读自己的作文。

三毛大声读道：

我有一天长大了，希望做一个拾破烂的人。因为这种职业，不但可以呼吸新鲜的空气，同时又可以大街小巷地游走玩耍。一面工作一面游戏，自由快乐得如同天上的小鸟。更重要的是，人们常常不知不觉地将许多还可以利用的好东西当作垃圾丢掉。拾破烂的人最愉快的时刻就是将这些蒙尘的好东西再度发掘出来，这……

这一次三毛还没有读完，老师已然听不下去了。气急败坏的老师顺手拿起黑板擦，冲着她就掷了过去。黑板擦应声而落，三毛被吓坏了，不敢再念。老师怒气冲冲地喊道："这是什么文章！简直是乱写！如果将来拾破烂，还要到学校读书干什么?!"他严令三毛重写。

三毛看着老师，她听见了自己心碎的声音，那是她最真诚的梦想与渴望啊，她想大声读出来与大家分享，她的满心期许，得来的却是老师眼中的一文不值，换来的却是呵斥。忽然间，三毛对这个世界产生了迷茫，第一次觉得这个世界并不像自己想象中的那么美好。

三毛虽然是个有着反叛情绪的少女，但是当时年纪还小的她并不敢直接顶撞老师。于是，她写了第二篇文章。

我有一天长大了,希望做一个夏天卖冰棒、冬天卖烤红薯的街头小贩,因为这种职业不但可以呼吸新鲜空气,又可以大街小巷地游走玩耍。更重要的是,一面做生意,一面还可以顺便看看沿街的垃圾箱里有没有被人丢弃的好东西。

结果,老师再次用一个鲜红的叉,否定了三毛的坚持,年幼的三毛无法理解老师的行为,却也不敢反抗,只能按老师的意思来写。

于是,三毛在第三篇作文中写道:"有一天我长大了,要做一个医生,拯救天下万民。"这次老师给予了充分的肯定,三毛不仅得到了"甲",还有一个评语:"这才是一个有理想、不辜负父母期望的志愿。"但三毛的心却是沉了又沉,沉到海底。

国文老师的否定并没有砸碎三毛的拾荒梦。对于三毛来说,那好比是无法浇熄的火焰,甚至无须火种就能燃烧。那之后,她的拾荒梦更加坚定,眼光也愈发独特和挑剔,就像一个有些疯狂的艺术家。

十三岁那年,三毛在街上看到有人在锯树,被他们锯下来的树干丢弃在路边。三毛好奇地走近看,越看越投缘,于是她将树干拖回了家,像艺术品一样摆放在房间的一角。从那以后,她便喜爱上了木制的东西。

有一天,她偶然发现家中女工坐的木头墩,那墩子的外形看起来仿佛是复活岛上的人脸石像,散发着神秘的艺术灵气。于是,三毛另找了一块空心砖给女工,自己小心翼翼地把木墩抱回房间,并且供了起来。女工被她弄得不知所措。

三毛陶醉于自己的每一次拾荒经历,因为几乎每次她都有所收获。或许她自己也无法理解,身边为什么会有那么多的好东西,而其他人却看不到,就如同其他人也无法理解她对垃圾的情有独钟一样。

她的拾荒生涯一直持续到大学三年级。当时三毛远赴西班牙留学,然而她并没有太多的喜悦,反而心里空荡荡的,感觉无依无靠。她也因此暂停了一段拾荒生活,直到1972年,她再次到西班牙,成为一名小学老师,工作稳定后,才又重新开始已经荒废了很久的拾荒梦。

> 我同住的朋友丢掉的旧衣服、毛线,甚至杂志,我都收拢了,夜间谈天说地的时候,这些废物,在我的改装下变成了布娃娃、围裙、比基尼游泳衣……

后来,在三毛与荷西相守的日子里,拾荒的乐趣不仅没有半分削减,反而愈发热烈。那时,他们的日子并不富裕,两个人不得不租住在坟场区,和当地的土著聚居在一起。更巧的是,他们的家对面就是一个大型的垃圾场,这对从小就酷爱拾荒的三毛来说,简直如鱼得水。三毛还暗自庆幸,她说:"拾荒人眼里的垃圾场是一块世界上最美丽的花园。"一有空,她就会踱进"花园",细细地在里面游览一番。

这座垃圾场对三毛来说当真和一座宝库一样,她还从这座垃圾场里发掘出了不少生活用品。比如一块腐烂的羊皮,经过煮煮洗洗,几天后就变成了一张舒适的坐垫。三毛还弄来好多大小不一的瓶子,刷洗干净后做成了花瓶。她在花瓶上插上一丛怒放的野地荆棘,别样的诗意迎面扑来。

荷西对三毛的拾荒行为也是出乎意料的配合。他善于改造。三毛捡回来的东西常常在荷西的手中变废为宝。比如，三毛从外面捡回来的自行车上的旧零件，经过荷西的改造，摇身一变成了一条别致的项链；三毛从棺材店捡来的木板，经过荷西的巧手，就变成了一张结实的桌子。两个人看似清贫的生活却充满着无穷的乐趣。

三毛一生中收集的东西很多，几乎每件都有自己的故事，在它们身上不仅仅有自身的价值，更映射了一个少女的成长过程。三毛从拾荒中获得的乐趣并不是不劳而获的喜悦，而是一种探知生活欲望的满足。这就像三毛的心性，她一直在期待和向往。

三毛说："我有一天老了的时候，要动手做一本书。在这本书里，自我童年时代所捡的东西一直到老年都要写上去，然后我把它包起来，丢在垃圾场里。如果有一天，有另一个人捡到了这本书，将它珍藏起来，同时也开始拾垃圾，那么，这个一生的拾荒梦，总是有人继承了再做下去。垃圾们知道了，不知会有多么欢喜。"

后来，三毛曾出版过一本册子，向人们展示了她多年来所收藏的宝贝，每一页都很精美。

书里的藏品五花八门，有首饰，什么别针、项链、十字架、手镯；有纺织品，什么衣服、挂毯、刺绣；有日用品，什么台灯、茶壶、碗、盘子；有装饰品，什么花盆、水瓶、雕像……

这些，都是三毛的宝贝，里面蕴藏了浓厚的民族气息，有民族风格。其中有一件是三毛的最爱：一副完整的骆驼头骨——荷西送给她的结婚礼物。

三毛用读书来缓解孤独，用拾荒来忘记烦扰。纵看三毛的一生，无论在沃土还是荒漠，无论富裕还是贫穷，无论孤独还是相守，拾荒梦始终伴随着三毛。然而成就三毛的却不仅仅限于此。她那丰富的人生经历和内心世界终需要文字来表述和传达。

哑巴情谊

有人说，三毛多情的本性促成了她漂泊动荡的一生。也许吧，正因为多情，三毛总能看到被常人忽略、错过的风景；正因为多情，三毛也总能感知不被常人在乎的情境；正因为多情，三毛总能收获不被常人理解和珍惜的情感。

三毛的朋友不多，而她仅有的几个朋友在世人眼里也显得那样怪异：哑巴、巫师、酒鬼……三毛视他们为知己，真诚相待。在三毛的眼中，他们与自己同病相怜，都有着一颗孤独而敏感的心，他们会谨慎地彼此靠近，相互感知。

小学四年级的时候，三毛拥有了生命中的第一个好朋友——哑巴炊兵。

每年10月中旬，是台湾的"双十节"，每到这时会有军队来学校借住，那也是三毛与学校有关的记忆里最快乐的部分。

那一年，深秋的枫叶红的如一团团火。告别了夏日的炎热，秋高气爽的天气里，盛放了一个夏天的百花都累了，期待着一场深眠。那一年，三毛上小学四年级。

这些兵们来学校借住的时候，仿佛给死气沉沉的校园里注入了新鲜的泉水。尽管激起的波澜不大，但这种新鲜的感觉仍然让三毛兴奋不已。

与哑巴认识的那天，三毛怎么也不会忘记。

那天早晨三毛像往常一样上学，她并没有穿红色的衣服，路上却碰到一头疯牛，冲着她就奔了过来，紧紧盯住三毛，追着她进了学校。三毛吓得魂飞魄散，全身的劲儿都使了出来，终于逃到了教室。教室里的孩子们见状，都把教室门死死顶住，从教室的窗口怯怯地看疯牛在操场上左冲右突。

惊魂未定的三毛躲在角落里，大口地喘着气。可是，那天偏偏轮到三毛值日，颐指气使的风纪股长（纪律委员）指派她去打开水，否则就会记名字。那个年纪的孩子们，最怕的事情就是被记名字。三毛虽特立独行，却不失为一个乖女孩。无奈之下，三毛只得战战兢兢地提起壶，硬着头皮出了教室。

此时，疯牛在操场上狂奔得更凶悍了，眼睛如火一样红，高声地嘶吼着。三毛打完开水，拎着热水壶战战兢兢地往回走。此时的三毛已经没法迅速地跑回教室。看着不远处发疯的牛，三毛害怕极了，只得放下壶，像一只受伤的兔子一样蹲在走廊上，瑟缩在那里啜泣。

这时，哑巴炊兵挑着一桶水出现了。

漆黑的一个塌鼻子大兵，面如大饼，身壮如山，胶鞋有若小船。乍一看去透着股蛮牛气，再一看，眼光柔和得明明是个孩童。我用袖子擦一下脸。那个兵，也不放下挑着的水桶，另一只手轻轻一下，就拎起了我那个千难万难的热茶壶，做了一个手势，意思是——带路，就将我这瘦小的人和水都送进了教室。

看到瑟缩在角落里受惊的三毛,哑巴拎起三毛的小水壶,把她护送回了教室。疯牛也被早操归来的驻军赶走了。三毛和哑巴成了朋友。

哑巴因为不会说话,在军营里常被人嘲弄,一直孤独地生活着。他和三毛的特立独行倒有些惺惺相惜的味道。三毛觉得哑巴是世界上最好的人。

哑巴不识字,但这并不妨碍他们的交流。三毛用树枝在地上教他识字。三毛时常会把手工课上的劳动果实送给哑巴,有时仅仅是一颗酸话梅;她还会把自己最近看过的书讲给哑巴听。虽然哑巴有时也听不懂,但他很喜欢听,喜欢看三毛自我陶醉的欢喜模样。

开始,三毛问他是什么兵,哑巴一边笑,一边在地上用树枝画着"吹兵",三毛笑了,她还以为这是个自己从没听过的兵种呢。后来,她知道了哑巴是个炊兵,于是就在地上写下了"炊兵",和哑巴手舞足蹈地解释"吹"与"炊"的不同之处。

许多年后,很多曾毕业于那所学校的人们回忆起来,都会记起在那个凉爽的秋日里,当金色的阳光在地上留下斑驳的光影,树荫下一大一小两个身影正认真地蹲在地上写着什么,树旁的蝉鸣似乎在为他们伴奏,微风徐徐也在轻柔地抚摸着他们。那该是一幅多么美好而宁静的画面啊!

三毛和哑巴的感情越来越好,哑巴也用手势和写字等方式和三毛讲述着自己的身世。原来,哑巴是四川人,一天,媳妇要生小孩了,母亲让他去城里买药,结果哑巴在路上遇到了国民党,被抓了壮丁。一路挑着东西就去了台湾,而这一去就再也回不去了。远离母亲和老婆，甚至还有那未曾谋面的孩子，哑巴的内心肯定苦涩无比。所以，善良的哑巴便把一腔父爱，倾注到眼前这个和自己的孩子年龄相仿的女孩身上。每天清晨，哑巴都会在校门口呆呆地等，只要三毛背着小小的书包出现，那个小身影从一个黑点慢慢放大时，他的脸上才露出孩子般的笑容。

放学后，哑巴喜欢和三毛一起玩跷跷板。两个人分别坐在跷跷板的两头，当三毛被高高地弹到半空中时，哑巴会笑得无比开心。

已是深秋，也许这注定是个离别的季节。一日，哑巴把三毛叫过去，他很伤心地告诉三毛，部队过几天就要离开了，他们也就要分开了。说完，他湿着眼睛，把手掌摊开，一枚金戒指躺在哑巴粗糙的掌心。三毛长这么大，还是第一次看见金子，但她明白这一定是件很贵重的东西，于是她摇着头，把双手藏到了身后。

哑巴蹲下身，在地上歪歪扭扭地写着："不久就要分别，送给你做纪念。"三毛一时间竟然不知道说什么，转身就跑了。跑出不远，三毛回头望，发现哑巴低着头，呆呆地望着掌心，三毛差点哭出来。

然而，这一大一小的忘年友谊被老师知道了，并且被严厉制止。三毛在老师的威逼恐吓下，不得不与哑巴疏远。在离别前的日子里，三毛却再难与哑巴相聚，哑巴总是孤单地站在远处的墙角，无声地朝她的教室这边张望。

终于，驻军要离开了。那天，三毛再也无法忍耐，她不再理会老师的责骂，毅然从教室里冲了出去。她想送送哑巴。哑巴送给她两样东西，一包牛肉干，一张写了地址的纸条。然后，哑巴笑笑就转身走了。

在仓促而突然的告别中,三毛的心里百味杂陈。也许,哑巴的心情是很好的,因为他期待着三毛会按照纸条上的地址去找他,他们还可以做好朋友。即便三毛没有机会去寻找他,起码还会给他写信。

可是,没等三毛看仔细,哑巴留给她的东西就被老师一把夺了过去,随手喂给土狗吃了。至于那张写了地址的小纸条,也被老师没收,之后被丢在无人知晓的角落里。三毛儿时唯一的一段友情就这样被老师残忍地终结了。

三毛不能给哑巴写信,但她一辈子也忘不了这位朋友。很多年后,三毛每每回忆起哑巴,总是无比愧疚。后来,三毛在她的散文《炊兵》中这样写道:

那是今生第一次负人的开始。而这件伤心的事情,积压在内心一生,每每想起,总是难以释然,深责自己当时的懦弱,而且悲不自禁。亲爱的哑巴炊兵,请求给我一封信,好叫我买一大包牛肉干和一个金戒指送给你可不可以?

然而,有些事,有些人,错过了就是错过了,再也找不回来。

也许人生就是有了这样的遗憾,才更值得珍惜。三毛与哑巴的友情虽然不圆满,但彼此把最美、最真的心都毫无保留地奉献给了相处的时光,让彼此的记忆里从此多了一份真实而温暖的情感。纵然斗转星移,纵然岁月流逝,因为有负而终生不得相忘也未尝不是一种美。

青春染世

每个即将步入青春的女孩子,都会迎来混杂着兴奋与美好的机遇。或许,这非同寻常的机遇里有永远无法重来的青春时光,或许这里有她们第一次恋过的男孩子,这种味道如同在品尝一颗酸酸的青梅,齿间总能品到一丝甜蜜,尤其是那种笼罩周身的清新,令人心醉而迷恋。

在三毛的眼里,枯燥而刻板的学校和中世纪的教会没什么两样。木木的学生就像一群苦修的小僧侣,加上不苟言笑的老师,浪漫的因子很难滋生。

在这样的环境里,三毛和很多女孩子一样,随着一天天长大、发育,终要迎来情感的春天。

学校为欢送六年级的学生毕业举行了全校同乐会。

毕业班的学生在排练一幕话剧,叫《牛伯伯打游击》。姐姐陈田心不仅功课好,长得也漂亮,被选中出演女主角吴凤。看戏对于孩子们来说有着难以抗拒的吸引力。三毛便借着看姐姐演出的机会,到礼堂看排戏,碰巧缺少群众演员,三毛当即被"抓"了去,扮演匪兵乙。

匪兵乙的戏不多，也很简单——匪兵乙和匪兵甲被安排躲在一大片黑色幕布后面，装作设下圈套，以诱捕牛伯伯。接着，牛伯伯上场，摸索着走近幕布，两人便同时跃起，对牛伯伯大喝："站住，哪里去？"

和姐姐陈田心扮演的女主角相比，三毛客串的这个反面角色不免黯然，甚至有些难堪，但总归在一定程度上满足了三毛演戏的愿望，不用只是坐在台下看姐姐的表演。

演匪兵甲的，是隔壁班的一个光头男生。一个女孩子和一个男孩子，一次一次地躲在黑色的幕布后面紧挨着头，就像躲在一个密闭的空间里，只有他们俩。几次排练下来，三毛发觉，"有一种神秘而又朦胧的喜悦充满了我的心"。虽然他们没有聊过什么，甚至三毛连"匪兵甲"的姓名都不知道，但三毛只想就这样静静地暗自享受这种奇妙而美好的心情。

几十年过去了，三毛还能记起那个男生："只记得他顶着一个凸凸凹凹的大光头，显然仔仔细细被剃头刀剃得发亮的头颅。布幔后面的他，总也有一圈淡青色的微光在头顶上时隐时现。"

《牛伯伯打游击》演完了，同乐会结束了，然而那份朦胧而甜蜜的喜悦却一直萦绕在三毛的心头。或许这就是单恋吧，恋上的不是一个人，而是一种感觉，一种只为自己内心萌生的感情。

于是，每天清晨学校朝会的时候，站在队列里的三毛，总忍不住频频回头，目光若无其事地扫一下男生群，而即便这淡淡的一瞥，也总能被另一双淡淡的眼神所捕捉。而三毛也固执地相信，那双眼神的背后一定也是有着相同的信息的。

可是，一天，一群男生起了哄，笑话她对"牛伯伯"有意思，就连"匪兵甲"也这么说。三毛顿时觉得，她纯洁的爱情被这帮小子歪曲了，玷污了。一时间她像受伤的幼兽一样，叫喊着，怒气冲冲地和那群男生厮打起来。

还有一次，三毛看见"牛伯伯"把"匪兵甲"摔倒，摁在泥巴地上，还往"匪兵甲"的鼻子和嘴里塞着泥巴，"牛伯伯"力气大，"匪兵甲"根本无力反抗，而旁边还有几个男生在起哄。

三毛难过极了，"我几乎窒息死去，指甲掐在窗框上，快把木头掐出洞来了"，三毛后来这样回忆当时的心情。最后，忍无可忍的三毛跑到了女厕所里，把胃里的东西都吐了出来。而痛楚却越积越深，每天晚上，三毛都会关上门，在黑暗中向神灵苦苦地哀求、祷告。她祈祷有一天自己长大了，能够嫁给那个人。三毛说，绝不反悔。

三毛这股单纯而狂热的单恋情潮，维持了近两年，直到小学毕业，三毛的感情才渐渐平息。

而在三毛情窦初开的岁月里，还有一些小事情，是那个年龄里独有的。

三毛的班上有一个女同学，发育得要比大家早些。女同学的家长和老师谈及此事，坐在第一排座位的三毛竖起耳朵，断断续续地听到了"月经""出血""卫生"一类的话语。

下课后，吃过午饭，三毛和几个要好的女生讲了她听到的话，于是，几个女孩子便兴奋地谈论起了有关"性"的话题。

一个女孩严肃地说："女生和男生的问题，是个很严重的问题。如果女生不小心和男生拉了手，没多久就会死的。"

一个女孩质疑道："应该没那么严重，死倒不太可能，但是女生很可能会怀孕生小孩。"

另一个女孩子摇头说："生小孩没那么简单，不但要拉手，还要亲吻,才会导致怀孕。"

……

经过一番讨论,这群女孩子一致认为:为了安全起见,最好不要和男生拉手。三毛更是如临大敌,她甚至想起从小手拉手一起长大的表哥如今和她在一个学校上学。为此,三毛再见到表哥,便只红着脸,头一低,也不打招呼,转身走开。至于其他的男生,更是不再说话了。

而女孩子天性喜欢热闹,喜欢扎堆。三毛和班上的六个女生是最好的朋友。她们甚至还学着电影里的情节,义结金兰。三毛最小,便称七妹。

忽然有一天,七姐妹收到了一张纸条。写纸条的是隔壁班上七个胆大的男孩子。他们约七姐妹放学之后,在校外池塘边相会。七姐妹凑在一起,既兴奋又紧张。讨论了半天,最终决定:去就去,没有什么大不了的。一向胆小的三毛,也跃跃欲试。

放学了,三毛背上书包,发了狂似地跟着姐妹们向池塘跑去。但是女孩子们在池塘边等了很久,直到夕阳一寸寸地落下,夜色渐浓,蛙声叫成一片,那七个男孩子还没有来,七姐妹只好悻悻地离开。

后来,小学快毕业了,那七个男孩子终于又鼓起了勇气,递过纸条,约七姐妹去延平路"第一剧场"看电影。七个姐妹摒弃前嫌,再次赴约。看到她们走了过来,原本等在电线杆下的七兄弟,便自行往前走。姐妹们远远地跟在后面。到了剧场,七兄弟买了七张票,进去了。没多久,七姐妹也到了,买了七张票进场。

电影不知不觉就演完了。等到从电影院出来,男孩子们回头看看便上了电车,接着女孩子们也上来了。这两队人保持着一段距离,从头至尾没有一个人出来打破安静的局面。

终于,电车到站,男生们下车,各自走开。女孩子们也若无其事地笑着道别。

三毛也一样,若无其事地笑着。

也许,对于三毛而言,这迟来的补救,终究被懦弱腐蚀掉了不少情分。

或许,对于三毛而言,她是盼着毕业的,盼着长大,那是另一种开始。

不知不觉,三毛的爱美之心一天比一天强烈。长大了,她就可以穿上最美的衣服,做自己想做的事情。

一次,缪进兰准备带着两个女儿赴一个老同学聚会,她特意赶制了两件连衣裙,好好打扮打扮两个女儿。姐姐陈田心知道家里的拮据,没有提任何要求,但刚刚十一岁的三毛却明确地告诉母亲,自己想要一件粉蓝色的。

家里没有钱,缪进兰就用现成的白布做了裙子,还特意绣上了两道精致的紫色荷花边。陈田心穿上了裙子,没有表示任何不满。但三毛却失望地哭了,她觉得自己的审美没有被妈妈重视,所以她拒绝穿新裙子,她哭着说紫色是"死人色"。

到了小学四五年级,课业愈发繁重,枯燥而苦闷的生活让三毛对自由更加渴望,而这时候,一位女老师的装扮引起了她的注意。

女老师常常穿着一种在小腿背后有一条线的丝袜。当老师走路时,那条美丽的线条便在窄窄的旗袍下面晃动。女老师身上的丝袜、高跟鞋、窄裙,甚至还有那件花衬衫、老师那卷曲的头发、红红的嘴唇和金色的项链……三毛觉得美丽极了,她多么希望自己也能快点长大,长到和女老师一样的年纪。

二十岁!自由的二十岁!美丽的二十岁!渴望的二十岁!

三毛将自己的痛苦和渴望,都一字一字地写进作文:"想到二十岁是那么遥远,我猜我是活不到穿丝袜的年纪就要死了……"

三毛的这句话,隐隐地透着悲剧性的预知。在走向二十岁的路上,三毛走得异常坎坷、曲折、惨烈,甚至险些丢掉性命。

心灵牢笼

对于很多孩子来说,在天真烂漫终日与游戏做伴的年纪时,要么在和煦的阳光下追逐柳絮,要么在院子里扑蝶。但那时的三毛却是在学堂里细数每天的日落。虽然最初的学堂对三毛是有一些吸引力的,她觉得那里会有想象中的蓄着白色胡须的老先生,他上知天文下知地理;或者会上演梁山伯与祝英台一样的浪漫爱情;或者会一起讨论葛朗台,研读《红楼梦》……然而现实却是老师不厌其烦地讲着那些她早已烂熟于心的课文。当课文对三毛失去了吸引力时,她也不再那么专注了。

三毛说:"我是这么渴求新的知识,我多么想知道一朵花为什么会开;一个艺术家,为什么会为了爱画、爱音乐甘愿终生潦倒;也多么想明白,那些横写的英文字,到底在向我说些什么秘密……"

只可惜,学校的老师们一成不变的讲课方式,从来没有说过三毛渴望的那些书里面的故事。

在三毛的想象中,美术,就是画那些自己心中想的最美的风景,可老师就拿来一个蜡做的苹果让大家画,还要求画得一模一样;历史,把那些美好的故事压缩成最精简的语言,然后是不停地背诵,容不得你去思考,只需要你严格地像机器一样记录那些年代发生的大事;音乐,就是唱那些课本上难听的歌,没有悲喜,也没有额外的音符跳动。

三毛酷爱文学和美术,也认为自己在这方面是极有天赋的,她对眼前的世界有着自己独特的见解,想通过自己的心灵感悟出来。

可老师规定的那些,她是怎么画也不像的,三毛只想随心随性地画,对不动的苹果毫无灵感。音乐课上,那些呆板的音符让人毫无唱歌的欲望。语文课上,老师讲的只是课本上的知识,而三毛却渴望听到那些书上没有的故事。

自己的爱好不能发挥了,那些美好的东西可望而不可即,她心中对学校逐渐产生了厌恶,她感觉灵魂被束缚了,天马行空的想象无法在学校发挥出来。她很委屈,越发地孤单了。

所以,在学堂里的三毛,内心总是蠢蠢欲动、不安分的。哪怕只是误闯进窗子的蝴蝶,或者是窗外随风摇曳的枝叶,都能让她的思想瞬间游离。六岁便入学的三毛在班上比绝大部分同学都要小。而对于早熟的三毛来说,学校生活实在没法令自己快乐起来。她本就是那样一个厌恶枷锁,渴望如云自在的人啊!

终于,三毛没有克制住对自然的向往,开始了一段逃学生涯。第一次脱离了课堂的束缚,三毛兴奋极了。这冒着莫大风险得来的自由让她倍加珍惜。她甚至逃到不知名的碎花圃园里,试图找到传说中的四叶草,让她得以终生远离校园的束缚。

而令她愈发想要逃学的时光是她九岁那年,小学三年级。

三毛只要一踏入校门,那种被关押犯人式的窒息感便迎面袭来，她觉得自己就像一只小羊儿，机械地被赶羊的人驱赶入圈。那里所有的孩子都被整齐划一地安排，那所被称为校园的地方就像无声的黑白电影，没有色彩，也没有欢笑。

原本还盛开在孩子们心中的梦想，随着课业的愈发繁重，随着考试竞争带来的与日俱增的压力被挤压变形。当初那如彩虹般美好的梦想早已碎了一地。还有来自老师的鞭子和各种体罚，那是一把把悬在头顶的剑。

所以在三毛的回忆里，小学的时光是灰色的，甚至充满了暴虐的色调，想起来让人心中发冷。

三毛很清楚地记得，那时班上有个男生，因为犯错被老师喝到讲台前，实施了严酷而残忍的鞭笞之刑。三毛眼睁睁地看着那样一顿鞭子抽下来，男孩屁股被打得血肉模糊，甚至无法站立，只能在同学们的注视下，一寸一寸地爬回座位。她心里很难过，即使她很同情那个男生，却帮不上任何忙。

好在三毛虽然叛逆，但总算乖顺，所以挨的鞭子不多。许多年后，三毛在回忆起那段苦痛的学生经历时，她写下了这样的文字：

一群几近半盲的瞎子，伸着手在幽暗中摸索，摸一些并不知名的东西。

也许学堂在每个人的印象里都是不同的，但总归是和牢狱不相干的。但是三毛所经历的小学生活便是这样一个比监牢更像监牢的地方。在本该肆意享受美好读书时光的年纪，在本该充斥着无数美好希望的教室里，三毛屡次想逃离，想逃离这个让她压抑的地方。

逃学生涯

十几岁的青春时光，总像潮湿的雨季，有少年不识愁滋味的伤感幽怨，也有两情若是久长时的浪漫憧憬。青春，就像淡淡的紫丁香，弥漫在每个人的记忆里。所以，我们无法想象，会有人的青春是没有颜色、没有味道的。

而三毛的青春，恰是如此。

三毛的青春经历了一场痛苦的劫难，在她最脆弱的时光里，刻下了永远都无法平复的伤痕。年少的三毛是聪明的，可以想象，如果她不曾出现差错，或许她会一路攀上成功的巅峰，成为某个领域里的出色人才。尽管她经常逃学，但是她的成绩却始终名列前茅。

三毛十二岁时，顺利考入了台北最好的女子中学——台北省立第一女子中学。

三毛喜欢看小说，就连上学、放学时挤在公共汽车上，三毛都是紧抱着司机身后的那根柱子，手里拿着那些国学老师认为是"闲书"的东西，津津有味地品读着。因为老是看书，学习的时间就少了很多。

由于对文学的嗜好，三毛偏科严重，特别是数学，也许是对数学天生有一股抗拒性。初一的课程她还能勉强应付，等升入初二，三毛便心有余而力不足了。她的数学成绩一落千丈，几次小考下来，最高才得了五十分。那时候在数学老师的眼里，三毛无疑与低能儿没什么两样，就连看她的眼神都充满了无尽的鄙夷和漠视。

那个年纪的孩子正是自我意识刚刚萌发、自尊心最强的时期。好强的三毛怎么会忍受这样蔑视的目光呢？于是，她决定发奋图强。她一面努力学习，一面寻找学好数学的捷径。终于，她找到了考高分的窍门：原来，数学老师每次考试用的题目都是从课后的习题中抽出来的，这样她开始有了方向。每次考试前，她都把课后习题反复做上几遍，直到烂熟于心。虽然三毛的逻辑运算能力不行，但她的记忆力出众，一个晚上就能背上十多道代数题。

奇迹出现了。以往数学成绩很差的三毛，却连续在六次小考中得到满分。三毛自己也兴奋不已，自以为终于赢回了自尊。但是，对于三毛毫无征兆的翻身，老师并不相信，何况这种接二连三的满分似乎是对老师明目张胆地进行挑衅。

老师拿着三毛的考卷当面逼问她是不是作弊了。三毛自然不会承认自己没有做的事情。"作弊，在我的品格上来说，是不可能的，就算你是老师，也不能这样侮辱我"，三毛倔强地直视着老师，没有半分胆怯。

于是，高傲的数学老师决定动用她的智慧，彻底击溃这个自以为是的小女生。

那是一个阳光暖人的日子，同学们正课间休息，数学老师突然把三毛叫到办公室。老师从容不迫地从抽屉里取出一张早就准备好的试卷，让三毛在十分钟内做完。那是一张初中三年级的试卷，即便三毛的数学能力不错，也不可能答得出来。何况，三毛的数学确实糟糕。

老师意料中的事发生了，三毛之前毫无准备，一道题也答不出，当场得了零分。

老师胜利了。一个成年人在一个初二的女生面前终于找到了自己的威严，一段时间来一直皱着的眉头也舒展开来，她终于露出了胜利的笑容。然而，惩罚并没有结束，接下来发生的一切让三毛瞬间跌入万丈深渊，那段羞辱经历在三毛的记忆里终生难忘。也正是这场羞辱开启了她长达七年的自闭生涯，几乎毁掉了她的整个人生。

在全班同学面前，这位数学老师，拿着蘸着饱饱墨汁的毛笔，叫我立正，站在她画的粉笔圈里，笑吟吟恶毒无比地说："你爱吃鸭蛋，老师给你两个大鸭蛋。"在我的脸上，她用墨汁在我眼眶四周涂了两个大圆饼，因为墨汁太多了，它们流下来，顺着我紧紧抵住的嘴唇，渗到嘴巴里去。

然后，得意的老师还让三毛转身面对全班同学。看到三毛的惨状，全班同学都笑得前仰后合。那一刻，全世界都忽略了三毛痛苦的眼神，和她几乎破碎的心。她感到全世界都在嘲笑她，都在冲着她扮鬼脸，对着她指指点点。

那可恶的老师却并未满足。她意犹未尽地命令三毛到教室外面去，在大楼的走廊里走一圈再回来。而当时走廊里满是学生，就这样在众目睽睽之下，她每走一步，心就疼得不能自已。三毛成了全校的名人。

那时候的三毛仍旧是懦弱的,她终究不敢违背老师的命令,虽然双腿已经迈不动了,尽管心疼得要窒息,但她还是强忍着内心的耻辱,走完了一圈。

一场荒唐而残忍的展示结束后,三毛被一个好心的同学拉去洗脸。她不停地往三毛脸上泼凉水,一遍又一遍地洗。整个过程三毛没有说一句话,因为此时已没有任何一种语言能够描述她心中的屈辱。她只想洗掉那段记忆,洗掉那些刺耳的欢笑声,洗掉在走廊中的每一个耻辱的足印。

这世上就有这么一种刽子手,他们不需要使用任何工具,直接在精神上狠狠地一击,彻底让他人瘫痪。那个数学老师便是这样的人,她讨厌三毛,却忌讳背上体罚学生的恶名,所以想出了这样阴损的招数来对付一个初二的女生。

那之后的三毛,整个人生和全部世界都变成了黑白颜色,再无半点色彩。

那天从学校回家后,三毛选择了将所有的屈辱独自承受下来,她没有和父母说起,也没有告诉任何人。只是当月光从窗口泻到房间里,静静躺在床上的三毛会忽然泪如泉涌一般湿了整个脸庞。她拼命地哭,放肆地哭,试图用泪水洗刷自己的痛苦,洗去内心的屈辱。

那一晚,她不知哭了多久。天终于亮了,三毛装作什么也没有发生,仿佛头一天的一切都只是一场梦。她和往常一样穿上衣服,收拾好一切,然后坐上公交车,去往学校。坐在车上的三毛,已经听不见车上人们在说什么了,她反而能听到车轮在路上碾压石子的声音,那么清晰。

下了车,她走进学校。虽然她没有看任何人,却能清清楚楚地感觉到来自四面八方嘲笑的目光。当她走进教室时,头一次感受到被全班同学关注的滋味。她仍缄默不语,努力忍受。三毛原本以为自己足够坚强,原本以为泪水可以将所有的屈辱都洗刷干净。然而,她错了,世界仍旧在一旁冷眼看着,笑着。

某一个清晨,三毛心里的防线最终崩溃了。三毛刚刚踏入教室,就毫无预兆地晕倒在地上。从那以后,突然昏厥变成了她的生活常态。只要她想起那天的事情,就会随时随地晕倒。她甚至连远远地看到学校大门,都感觉要窒息。

即便如此,她仍然坚持不告诉父母。她总是选择自己独自承受,不愿他人分担她的苦痛。

她选择了逃避,逃到没有人认识她,没有人嘲讽她的地方——公墓。

也许,只有死人不会讥讽她、嘲笑她,也不会用异样的眼光看她。于是她开始在各个墓园里流浪:六张犁公墓、陈济棠先生墓园、阳明山公墓,还有一些没有名字的墓园。生者的世界无法让她信任,她便选择了去死者的地盘。也许只有和死人在一起时,她内心才能真正放松下来。

对三毛而言,那时的学校和地狱没有什么分别,相反墓地却安静明快,宛若天堂。她宁可在墓地里读书,也不愿去学校受教。三毛就这样在墓地里静静地享受着她的青春。

没有色彩斑斓的蝴蝶结,也没有欢快跳跃的跳皮绳,更没有老师的谆谆教导,这里有的只是黑白色的悲伤与黑白色的沉寂。

而三毛的内心又是如此懦弱,虽然已经决定了要逃学,却仍然忌惮学校的规章。于是她想了一个折中的办法,每旷课两三天,便去上一天学,而后再继续失踪三五天。可是,即便是这样的折中办法仍旧没有使她逃离学校的责罚。于是,一封公函被送到了父亲陈嗣庆的手上。也正是这封公函终结了三毛几个月的逃学生涯。

也许是上天垂怜,也许是父母早有察觉,他们并没有对三毛横加指责,更没有严厉地责骂她,而是开明地让她暂时休学,父母的开明让三毛压抑的心情舒缓了不少。面对女儿的缄默不语,父亲陈嗣庆也变得沉默了,他开始为女儿的成长操心、烦恼了。

长久休学不是办法,三毛还小,必须接受教育,况且,长久的休学也会失去自我。所以第二年,父母开始鼓励三毛努力面对生活,鼓起勇气重新开始学业。于是,他们将女儿送往女子一中。然而尝到逃学甜头的三毛已经不愿意在教室里继续牢狱般的生活了。

不过这回三毛并没有去墓园,而是去了图书馆。在这里她读了很多经典的文学著作:《儒林外史》《阅微草堂笔记》《今古奇观》《人间词话》,等等。只有埋身在浩瀚的书海里,三毛才能真正忘却曾经的屈辱,丢弃自怨自艾。三毛在用另一种方式成长着。

得知女儿再次逃学后,父母只得无奈地再次为她办理休学手续。

而这一休,便是七年。

青春的天空是美丽的,蓝的醉人,白的怡人。而三毛的青春,却有足足七年的时间是被封锁在黑白色的桎梏之中。没有人能解救她,没有人能够帮她销蚀掉那桎梏的枷锁。

这七年里,三毛尝试着用各式各样的书籍来填补自己内心的空缺。她不能一日无书,否则那内心的黑洞会无限扩大,最终将弱小的她彻底吞噬。

也许,真正能够拯救三毛的,只有她自己。

装在套子里的人

小学时,读过契诃夫的《装在套子里的人》:

我的同事希腊文教师别里科夫两个月前才在我们城里去世。您一定听说过他。他也真怪,即使在最晴朗的日子,也穿上雨鞋,带上雨伞,而且一定穿着暖和的棉大衣。他总是把雨伞装在套子里,把表放在一个灰色的鹿皮套子里;就连削铅笔的小刀也是装在一个小套子里的。他的脸也好像蒙着套子,因为他老是把它藏在竖起的衣领里。他戴黑眼镜,穿羊毛衫,用棉花堵住耳朵眼。他一坐上马车,总要叫马车夫支起车篷。总之,这人总想把自己包在壳子里,仿佛要为自己制造一个套子,好隔绝人世,不受外界影响。现实生活刺激他,惊吓他,老是闹得他六神不安。也许为了替自己的胆怯、自己对现实的憎恶辩护吧,他老是歌颂过去,歌颂那些从没存在的东西;事实上他所教的古代语言对他来说,也就是雨鞋和雨伞,使他借此躲避现实生活。

三毛也是，她把自己装在自己的套子里，那场屈辱，锁住了三毛内心与外面的联系。她把自己封闭起来，独自消融着内心的伤痛，她说："我把自己关在一个小房间里。"那场屈辱让她太没有安全感了，仿佛世上的一切都是不安全的。

十三岁，一个如花的年纪，三毛却把自己紧紧地锁在心牢里。她患上了少年自闭症。她不想走出房间，不想见陌生人。本来三毛是和姐姐陈田心合住一个卧室的，但姐姐进入音乐师范学校后，三毛便拥有了一个完全属于自己的世界。

她甚至还执意要求父亲在卧室窗户外面加上铁栏，门上要加锁。于是，那心灵的牢狱就成了现实版的牢房。或许这样会让三毛内心稍微感觉轻松一点。此时，对三毛来说，外面的世界是可怕的，甚至随处都是利刃，说不准什么时候就会刺进她的心中，让她痛苦不已。

起初，三毛还能和家人同桌吃饭，偶尔和家人说说话，但当话题触碰到学校时，她便崩溃了。后来，她干脆把自己锁在房间里，吃饭都不出来。可怜的母亲担心女儿，便每天用托盘将饭送进三毛的卧室中。

她将自己的眼睛、耳朵、嘴全部封闭起来，她拒绝被外界打扰。封闭的三毛几乎从不出门，偶尔，也只有午后时分，院内只有蝉声时，三毛才静静地走出来，穿上旱冰鞋，默默地在院子的水泥地上滑起来。这个始终转不出自己圈子的女孩儿，把内心所有的苦难都锁在了心里。

天黑的时候，她偶尔会走出院门。那时，黑色的夜是她的保护伞,她看不清别人的脸,坚信别人也看不清她的脸,这让她备感安全。

三毛家院子前面是一条偏僻的荒路,叫长春路。与这个名字极不相称的是,这条路上从来看不到春天的影子,除了荒乱的野草,还有那不知什么时候堆在那里的水泥筒子。

而那些不起眼的水泥筒子倒成了三毛的最爱。她很喜欢在水泥筒子中间钻进钻出,追逐着自己,寻找着自己。她只要一个人的世界,一个自己的世界。

还有文字,能够让她获得心灵的宁静。

除了《儒林外史》《阅微草堂笔记》《今古奇观》《人间词话》,还有被世人看作是叛逆的芥川龙之介和他的《河童》。

芥川龙之介是日本作家,他和三毛有很多相似的地方,他于1927年服毒自杀。他在《河童》里描述了一个充满了讽刺意味的世界,里面还充斥着无声的反抗。

小说以一个疯子的叙说开篇,引出了一个长着蛙人外形的河童王国。这里随处都是对现实的反驳,也充满了自由奔放的灵魂。

这里的孩子在出生前,都会被父母询问是否愿意来到这个世界。如果婴儿回答不愿意,那么便不会出生。其中,最让人触目惊心的是,这里的人们信奉生活教,却供奉着尼采、梵·高这些以自杀来结束自己生命的人。

而三毛与芥川龙之介之间,便存在这种灵魂上的吸引。是芥川龙之介让三毛看到了另一个世界。《河童》的名字源自一个传说,意为"在水边玩耍的孩子"。

只是,《河童》里那个蛙人国的孩子可以选择"我不想出生",三毛却是"不如归去"。

对于三毛来说,那时的台北是孤独的,白天是孤独的,夜晚更是孤独的。就像飘浮在天空的云朵,虽然无拘无束,却不知道下一分钟自己会被撕扯成什么样子。或许每个人都有孤独的时候,他们会选择用笑声掩盖自己内心的惶恐,频繁地参加各种聚会来冲淡内心的寂寞,但是独处时的落寞却是真真实实存在的,忽视不了,也欺瞒不了。三毛也一样,她也是一个孤独而缺乏安全感的旅者。

一个深夜,内心备受折磨的三毛拨通了生命热线电话。她对着冰冷的话筒一遍遍地重复着:"活不下去了,救我、救我、救我啊!"电话那边耐心地劝说着,给她讲一些珍惜生命之类的大道理。然而这些道理对三毛来说却毫无意义,这些对她那颗沉入谷底的心已经不起作用了。也许只有死亡才能解救她,帮助她脱离所有的痛苦和折磨。

一天晚上,台风肆虐,窗外的树枝疯狂地拍打着窗框。三毛独自一人坐在床上,看着窗外那如同鬼魅一般的树影瑟瑟发抖。她已经濒临绝境。她害怕这个世界,她感到深入骨髓的孤独,她几乎要窒息了,就像那些溺水的人一样只有挣扎的本能。

于是她爆发了。她选择了用一种极端的方式对这个恐怖的世界做最后的抗争。她割破了左手腕的动脉,她选择了结束自己,也在重新找回自己。

她的父母及时发现了。终于，三毛被抢救过来了，手腕缝了二十八针。当她醒来看到父母哀愁的眼神和疲惫的脸，听他们祈求她活下来时，三毛第一次意识到自己对父母来说竟然有那么重要。她曾经以为父母是坚强的，从不知原来他们也有脆弱的一面，脆弱到看到她手上的血会崩溃，会比她自己还疼。她才知道，原来这个世界并没有彻底抛弃她。

　　虽然三毛的自杀行动被父母及时阻止了，却并没有消除她自杀的欲望。

　　此后的三毛还有两次自杀记录。一次是十年后，三毛的未婚夫在新婚前夜猝死在她的怀里时，痛不欲生的三毛，在一个朋友家里服毒自杀。这一次被从死神手中抢回的三毛，留下了胃病。

　　还有一次，在台北最好的医院——荣民总医院的高级病房里，她在卫生间里自缢身亡。

　　三毛曾经对人说过：她在南美洲旅行的时候，发现那里的人们崇拜个神，名叫"自杀神"。她说，她对"自杀神"是很感兴趣的。

　　尽管父母努力挽回了女儿的生命，但三毛仍旧是父母眼中一个让人头疼的"问题孩子"。尤其在邻居和亲戚朋友的眼里，三毛更加不被理解和包容。他们经常在背后议论三毛。有时碰到三毛，也会向她投以异样的目光。渐渐地，流言总会传到三毛的耳朵里，她明白了周围人究竟是怎样看她的，从此更加不想出门了，她害怕那些异样的眼光。

　　幸运的是，陈嗣庆夫妇是对有涵养的夫妻，他们不会人云亦云，而且还懂得一些教育方法和医学知识。父母用足够的耐心带着三毛去医院治疗。他们知道自己的女儿病了，而且很严重，所以他们从未苛责过三毛。

在这一点上，三毛的父母是伟大的。可以想象，倘若不是他们，三毛很可能早就在一场或几场自杀行动中结束了自己的生命。正是父母无私的包容和努力，给了三毛对生活和未来的希望。

那段时间，三毛在父母的帮助下，看了很多心理医生。也许医生的努力是有效果的，至少那段时间里三毛没有再去自杀。但是即便如此，三毛仍旧无法从自卑和恐惧中走出来，她甚至始终认为自己就是一个坏孩子。

巨大的自卑感几乎将三毛压垮了，她的智力也变得低下。心理医生测试智商，她得了六十分，几乎与低能儿没什么分别了。

三毛像一头幼兽，独自舔舐着自己伤口的鲜血，哀哀地怜悯自己。三毛愈发抵触外界，经常与父母顶撞，不管他们是否会难过。她还时常与弟弟们拼命打架。三毛出手往往不计后果，一次，她用钢钉梳子，把一位堂弟打得血流满面。她对周遭的一切都充满了敌意和攻击性，而内心却又那么自卑哀伤。

在古老的希腊神话中，有一个叫 Echo 的女神。Echo 是一位山林女神，她拥有绝世的容颜，一双明亮的眼睛，她的脸就像黄昏前映在西方的霞光，她拥有天籁一样的声音。然而就是这样一张绝世容颜，却遭到了天后的嫉妒，她被贬到下界。

一天，Echo 在森林里偶然遇到了美男子纳雪瑟斯，他们一见钟情。Echo 就这样沉浸在对他的爱意中。然而，可恶的天后剥夺了她表达爱的能力，她不能像普通人一样说话，她每次开口只能重复对方说话的最后三个字。

尽管如此，她仍然无法控制自己追随纳雪瑟斯的脚步。她就这样带着悲伤的爱情，跟随在美男子的身后。

纳雪瑟斯发觉了，便问她：

"谁在这里？"

"在这里。" Echo 回答。

美男子又说："不要这样，我宁死也不愿让你占有我。"

"占有我。" Echo 答道。

话一出口，Echo 便知道自己一定会被厌弃。果然，她看到纳雪瑟斯看她的目光变得鄙夷。

美丽的女神心痛不已，她甚至后悔自己与他进行对话，然而一切都无法挽回了。纳雪瑟斯已经认定眼前这位女子是轻薄的姑娘。他本以为她的内心与外表一样美丽，结果他错了。不过他也能够理解，因为他觉得自己是英俊的，英俊到可以让每个见过自己的女子忘记羞涩，而急于表白。

果然，这世上没有哪个女子能与他相配，于是，他轻蔑地笑了笑，离开了 Echo。

后来，天帝知道了一切，也了解到 Echo 受到的屈辱，于是，他决定惩罚纳雪瑟斯。

一天，纳雪瑟斯到湖边去，看到了自己在湖水中的倒影，欣赏不已，甚至留恋着不肯离开。天帝看见后，便把他变成了一株水仙。

水仙是自恋的花，正像纳雪瑟斯，他只爱自己。而 Echo 仍旧不能忘记对纳雪瑟斯的爱，尽管她曾经历过那样难堪的屈辱。于是她成了一位深爱水仙的女神。

Echo 的意译是"回声"。

当同样封锁心灵的三毛读到这个悲伤的爱情故事时，她与绝望的女神产生了共鸣。女神是被诅咒封锁住表白的权利，而三毛则是被外界的嘲笑和屈辱封锁了心灵。她们都是绝望的囚徒，又都渴望着有谁能来解救她们。

于是三毛给自己取了第一个笔名——Echo。

她觉得自己就是 Echo，Echo 就是自己。而她虽然备受屈辱，却正在长达七年的冰封期酝酿着一场盛放。

第三章 倔强蔷薇孤独绽放

我的心中有一个不变的信仰,它是什么,我不很清楚,但我不会放弃这在无形中引导我的力量,直到有一天我离开尘世,回返永恒的地方。

静流时光

  几乎每个女孩子的心里都孕育着一个梦想，或是浪漫的，或是绚丽的，或是多情的。三毛固然有过七年的黑白青春，但她毕竟是一个豆蔻少女，也有如诗的少女情怀。只是，三毛对那些有着忧郁色彩的景致反而更感兴趣。也许她并未意识到这反映着自己的内心，更未曾意识到这也会是一场与艺术的交流和碰撞。

  4月的台湾，是春光正美的时候，随处都能看到一片生机盎然的景象。但是三毛仍然昏昏欲睡，心里的伤口还没有愈合。好在有书籍的陪伴，三毛能感觉稍稍轻松和安宁。一旦脱离了文字，三毛便会惶惶不可终日。

  也许三毛没有像其他自闭的孩子一样在绝望中死去，反而拥有了那么多年精彩的人生。也许正是因为她拥有那样深爱她的父母吧！她是幸运的，有那样开明而善解人意的父母，即便她休学在家长达七年，仍旧对她不离不弃，不怨不责。他们唯一的愿望就是，希望自己的女儿能够快乐起来，能够好好享受生活，看看这个还没有真正领略过的美好世界。

  三毛休学了，也许这对她来说是件好事，她有更多的时间可以去看那些老师眼里的"闲书"。

抛开了那些无聊的课程,三毛的心一下子轻松了不少,再也不用把《红楼梦》放在裙子里,低着头偷偷摸摸地看了。三毛不愿逛街,就算是出去,也必是与书店有关。

别人家的小孩子都对什么芭比娃娃、小饰品感兴趣,而三毛,出门唯一的目标就是书店,在那些静流的时光里,书中的故事陪伴三毛度过了无数个漫漫长夜。

陈嗣庆早年毕业于颇有名气的东吴大学,后来又执教多年,面对休学在家的女儿,不忍心她的学业就这样荒废,毅然决然地担负起三毛的教育工作。父亲告诉三毛,即便是不上学,但有些书还是要学的,父亲让她去学插花、学钢琴、学国画,还教她背《古文观止》。

夕阳西下,一个父亲,一个可爱的小女孩,并肩坐花园里的藤椅上,腿上放着摊开的《古文观止》。父亲在认真地说着什么,小女孩侧着头认真地倾听,时而微笑,时而蹙眉,时而又打断老人的诉说……夕阳的余晖洒在两人身上,身后的影子很长很长……

这是我想象中三毛与父亲相处时的样子,那样安静,那样和谐。带给三毛的,不仅是知识,还有那浓浓的父爱。

三毛在文学方面的领悟力很强,陈嗣庆不仅讲一些国学,还给三毛推荐许多外国作品,一些英文书等,三毛休学的日子也渐渐丰富起来。慢慢地,三毛那颗冰冷的心也开始透进了阳光。

三毛喜欢看书,也喜欢买书,久而久之,在亲戚朋友之间传开了,谁想要看书,就去三毛那里借,三毛那里藏书多。

三毛对书是很吝惜的,每次有人来借书,她都是依依不舍地拿出来，还要对人家千叮咛万嘱咐，要小心，别弄坏了，看完立马还回来，可惜借书的人很多，不还书的也有不少。但也有例外。

三毛和她二堂哥陈懋良的感情很好，自然和他的同学王国梁走得也很近。当王国梁向三毛借书时，三毛大方地将自己喜欢的书挑出来，再用麻绳捆起来，小心地交给王国梁。末了，还特意嘱咐道："国梁，看完可要快快还我哦！"

可惜，书借出去不久，一次下大雨，把王国梁家给淹了，书也跟着河水飘走了，王国梁不敢面对三毛，但又满心愧疚，只能托别人来给三毛道歉，三毛听后，在家哭了好久，从此，不管谁来借书，三毛都不肯再借，也不再理王国梁了。

在书里，三毛找到了无法想象的快乐，在那里，她像一尾小鱼，遨游在知识的海洋里，用力汲取里面的养分。三毛说："我从来没有妄想在书本里求功名，以至于看起书来，总是如鱼得水。"

钟情毕加索

三毛没有一技之长，只是读书，读书，再读书。陈嗣庆常常无意间问三毛："你这么啃书又啃书，将来到底要做什么？不如去学一技之长的好。"

那时，父亲常常会带三毛去海边，希望海的辽阔能让女儿豁然开朗，希望女儿所有的苦闷都被潮水带走。父亲还喜欢捡各式各样的贝壳，放在三毛的耳边，让三毛一边听一边想象。每当这时，三毛总会兴奋地和父亲说个不停，此时的她完全不像个患有重度自闭症的孩子。细心的父亲似乎发现了什么，便认真地问三毛愿不愿意学习美术。三毛想到自己可以将脑子里的画面在纸上呈现出来，便爽快地答应了。这让父亲激动不已。

于是，父亲便给三毛聘请了家庭教师，来教她画画。

三毛的第一个绘画老师是当时中国台湾师范大学艺术系的黄君璧教授。他在山水画上的造诣颇深，也是当时台湾享有盛名的画家。三毛便开始跟着他，一张一张地临摹山水。黄教授喜欢一杯茶，一炷香，一笔一画都循规蹈矩。然而这种优雅得近乎刻板的学习方法却让三毛倍感枯燥。她不是个一成不变的人，她身上的每个细胞都是灵动跳跃的。所以,这种有些刻板的重复,让她厌倦。坚持了两个星期之后便再也坚持不下去了,无奈只好放弃。

陈嗣庆夫妇一直希望能够用自己的方式重新让女儿热爱生活,所以他们在一定程度上对女儿是几近溺爱的。当三毛与第一位老师的磨合失败后,他们改换门庭,让女儿投到邵幼轩先生的门下,改学画花鸟。

邵幼轩是一位性格温和的女先生,她比黄教授多了几分女性独有的细腻和温柔。她的才情得到过蒋经国先生的盛赞,还被美国各大艺术学院聘请为终身教授。知道了三毛的经历后,邵先生对三毛很是疼爱,她不让三毛一笔一画地临摹,而是早早地安排一些自由创作让三毛尽情挥洒。在邵先生的指教下,三毛的热情终于被调动了起来,她把藏在内心很久的东西都画了出来。结果,让邵先生惊诧不已的是,三毛画笔下的花鸟居然比自己画的更富神韵。于是,邵先生便对三毛悉心培养,将自己所学都毫无保留地传授给了三毛。多年后,三毛的画作已经能够当作礼品赠人了。

在美术的世界里遨游的三毛是幸福的,只是她那颗柔弱的心过早地被灼伤了,那些细腻、柔软的线条,不足以让她发泄内心的苦闷和痛楚,更不足以安抚她那个惴惴不安的灵魂。对于已经处于绝望边缘的三毛,美术还是太温柔,太温柔了。

与国画相比,三毛对西洋画更感兴趣。

说起三毛与西洋画之间的缘分,就不得不提到她的二堂哥陈懋良。当时,他寄住在三毛的家里。或许是这个家族素来有艺术与叛逆的基因,二堂哥和三毛一样,经常有一些特立独行的做法,是这个家庭中的又一个"另类分子"。

陈懋良近乎痴迷地喜欢音乐,甚至到了因此而不愿意去上学的地步。他曾当着叔叔的面,将学生证撕得粉碎。陈嗣庆对孩子总是心软的,于是,他又专门聘请了作曲老师,让陈懋良在家学习音乐。

这下,两个离经叛道的孩子凑到了一起。他们还经常在一起研究音乐和美术方面的问题。而音乐与美术这两种艺术形式本就是相通的,一个触动着人的听觉,一个渲染着人的视觉,三毛能听出他的音乐里表达出的情感,陈懋良也能感受到三毛的画里传递出的心声。

小的时候,三毛看过一部《珍妮的画像》的片子,当时但觉无限的凄凉,时间久了,里面的情节差不多已经遗忘。有一天,堂哥陈懋良打电话给她,说听到《珍妮的画像》要重演的消息,还给她在电话里哼唱那首珍妮经常唱的小歌:"我从哪里来,没有人知道,我去的地方……人人都要去,风呼呼地吹,海哗哗地流,我去的地方……人人都……"

三毛着了魔一样,语无伦次地在电话里喊:"这曲调,这曲调……我认识它……我听过,我真的听过……"

一天,陈懋良递给三毛一本毕加索的画册。这位艺术大师的作品瞬间征服了三毛。三毛惊为天人,陶醉不已。她终于发现了可以触动她灵魂的作品。她说:"就是这样的,就是我想看到的一种生命。"

对许多喜爱艺术的人来说,毕加索给人的感觉是复杂的:两只眼睛长在同一边脸、没有章法和秩序的图案拼绘、古怪的剪影……喜爱毕加索的人认为这些是天才的画作,而不喜欢或者不理解他的人会认为这其实就是在胡乱涂抹。

喜爱毕加索的人，总是对艺术有着独特的领悟力。三毛便是如此。

三毛从毕加索的桃红时期、蓝调时期、立体画、变调画，甚至后期的陶艺里，看到了无声的美，读懂了一个又一个内心深处的生机。

毕加索与梵·高不同，他作品的色调总是覆盖整个画面。在他的蓝调时期，几乎所有的绘画作品都像被蓝色的布盖住一样，画里的内容也都是蓝色的。也许在毕加索的世界里，太阳也是蓝色的吧，所以才会显得那样忧郁而孤独。

或许，天才总是寂寞的，天才的想法也常常不被普通人所理解。看似像孩童一样稚嫩的涂鸦，往往蕴藏着深刻的意境。那些色彩鲜艳的碰撞让作品本身产生了令人震撼的张力，那是真正的、纯粹的心灵独白。

虽然我们无法知晓当三毛爱上毕加索时是一种怎样的心态，但或许那就是她与芥川龙之介相似的灵魂相吸。

毕加索最负盛名的作品仍然出自他的蜕变时期，那些完全无视美术作品中最基本的透视法则的作品，蜕变成了那个时代最夺目的明星。他的作品《格尔尼卡》便是其中最著名的一幅。

1937年，西班牙的格尔尼卡小镇在德军的轰炸下被夷为平地，死伤无数。听闻消息的毕加索义愤填膺，将内心的愤怒通过画笔淋漓尽致地表达了出来。他要用画笔来对法西斯的暴行进行强烈的抗议。

这幅结合了立体主义、现实主义和超现实主义风格的作品，将小镇人们的痛苦和磨难表现得淋漓尽致。画的左边有一个母亲抱着她已经死去的孩子，正绝望地仰面号哭着。

在所有战争中，最痛苦的莫过于母亲。因为她们是那样殷切地盼着自己的孩子能拥有美好的人生，她们希望自己的孩子会在战争中存活下来，因为孩子还小，他们还没开始享受人生，甚至还不知道恋爱是什么滋味。

这个母亲的撕心裂肺成了整幅画面最让人心碎的角落，甚至是一切痛楚的根源。

画中的公牛象征强暴，受伤的马匹象征着被侵略的西班牙，而那闪烁着的灯火则象征着希望。毕加索在描绘战争的残暴的同时，也表达了对和平和美好生活的希望，他坚信即便只是星星之火，却也能燎原。

三毛想起了自己所经历的一切，她觉得自己就像那个被轰炸的西班牙小镇，而毕加索的画告诉她，不要放弃希望，要崛起。三毛成了毕加索最虔诚的追随者，她为他痴迷，也被他感召。不知道她从何处得到了一张毕加索在巴黎别墅的照片，她将其视为自己梦中的城堡。她甚至将毕加索看作自己的精神伴侣。

只是那时的三毛还不懂真正的爱是什么。她将自己与毕加索在艺术上的共鸣视为爱情，她觉得自己爱上了毕加索，其实，她只是爱上了毕加索所缔造的那个自由而充满希望的灵魂世界。

那一年，三毛十三岁，毕加索七十七岁。也在那一年，因为毕加索，三毛爱上了西班牙。

点亮生命

有人说,生活就像戏剧,甚至比戏剧的情节更跌宕,更难以琢磨。人的一生会遇到很多偶然的事情,碰到上天安排帮助我们的人。而热爱美术的三毛之所以会走上文学的道路,便是如此。她遇到了自己生命中帮助她的那个人,他不仅仅是一个老师,一个朋友,更是三毛人生路上的一盏指路明灯。

姐姐陈田心的朋友中有一对姐弟,姐姐叫陈缤,弟弟叫陈骃。一天,陈缤、陈骃姐弟俩和一群朋友到陈田心家玩。朋友们正玩得起劲儿,陈骃突然嚷着要画一幅激烈的战争图给大家看。等陈骃画完,大家凑上去敷衍着评价一番,便又一哄而散,跑到院子里玩去了。

这时,一直躲在房间角落里的三毛走过来,好奇地捡起了那幅画。她盯着那幅战争图看了好久,那是一种从未听过、见过的绘画形式,用色大胆而张扬。后来三毛知道了陈骃学的是油画,老师是一个名叫顾福生的人。

顾福生,台湾知名油画家,出生于中国上海,就读于台湾师范大学美术系,1958年毕业,他曾是五月画会的一员,1961年后曾旅居法国巴黎，美国纽约、旧金山和波特兰等地。除油画外，亦有版画、彩墨等作品。

顾福生也是顾祝同的大儿子，是将门之后。白先勇评价他的画："他创造了一系列半抽象人体画。在那作画中的小天地中，陈列满了一幅幅清苍色调、各种变形的人体，那么多人，总合起来，却是一个孤独。"

三毛深深地被画吸引了，她发现这样的艺术才是她想要的，于是她恳求母亲让顾福生收她做学生。母亲听后自然很开心。只要三毛能从中得到快乐，忘记那些痛苦的往事，她甚至不惜一切。过了一段时间后，母亲告诉女儿，顾福生答应了她的请求。

顾福生的家在台北市的泰安街二巷二号，他当时已经在台湾小有名气了，是台湾画坛新潮画派的新秀。

得知顾福生答应收自己为徒后，三毛虽然开心不已，但更多的却是胆怯。母亲替她约好上课的日子后，三毛却胆怯了。母亲知道三毛还没有迈出这一步的勇气，于是又与顾福生通电话改了时间。三毛趴在床上，枕芯里的棉絮被她扯了满地。

经过了异常艰难的内心挣扎后，三毛终于还是独自背着小画架，胆怯地敲开了顾家的大门。顾福生开了门，看到了面带羞怯的三毛。在此之前，他听说过一些关于三毛的事情，他也知道三毛患有自闭症，却对绘画有着非凡的天赋。

仿佛是直觉使然，顾福生坚信眼前这个看起来怯懦的女孩子是一块璞玉，他坚信她会被雕琢成绝世美玉。他热情地带三毛进屋，还与她交谈了几句，声音温和而亲切。这让三毛倍感温暖。虽然表面上三毛依旧沉默，但内心里充满了感激，她认为老师是一位温柔而且可能了解她的人。

第一堂课学素描。

三毛之前并没有学过素描,所以她的画进步很慢,常常画得一团糟。这让本来就很敏感和自卑的三毛更加紧张。而顾福生见此情景,并没有说什么,只是耐心地从头开始传授三毛素描的基本技能,还鼓励三毛勤加练习,掌握好基本功,一定能画好。但三毛是一个自尊心极强,同时又极度自卑的孩子,顾福生越是耐心,三毛的心里反而越感觉内疚和不安。她甚至想重新回到那个有铁窗和铁锁的卧室里,至少躲在那里便不会有人看到她的笨拙。

于是,三毛难过地告诉老师,她不是学画的材料,不能拖累老师了。说完这些话,三毛大大地松了口气,仿佛得到了解脱。顾福生听了三毛的话,并没有理会,而是保持着那浅浅的微笑。他把三毛带到自己的画室,让三毛看那满墙的画。那都是令三毛无比向往的风格,清苍色调、变形陈列,三毛一边赞叹着,一边暗暗地责备自己的愚笨。

顾福生似乎看透了三毛的内心,于是说道:"你的感觉很特别,虽然画得不算好,有没有试过写文章?我这有些书籍,你拿去看看。"说完,他递给三毛几本文学杂志——《笔记》合订本和几本《现代文学》杂志。

这堂课便以这样的方式结束了。三毛回去时,顾福生站在阔叶树下目送她,温柔地笑着,说:"下次来,我们改画水彩,素描先放下,这样好吗?"三毛知道这是老师最善意的挽留,她的心被融化了,舍不得说一句分别的话。

有人说,人终究是需要解救和成全的。也许三毛和顾福生都没有想到原本一个不经意的举动,会将三毛从七年的心灵牢笼中解救出来。从这个意义上来说,三毛太幸运了,她不仅有无私爱着她的父母,还能遇到像顾福生老师这样的青春导师。

翻开顾福生送给三毛的杂志,三毛便坠入其中无法自拔了。那是三毛第一次接触现代派文学,波特莱尔、惠特曼、意识流、自然主义……三毛不知道那些究竟是什么,却又急切地想了解。这种感觉就像走进了一个陌生的世界,新鲜的感觉如此强烈,甚至压得三毛无法呼吸。

经过了书籍的洗礼,再见到顾福生的三毛已经有了彻头彻尾的蜕变。她不再沉寂,那些藏在她脑子里的想法如泉水一样喷涌出来,她甚至变得滔滔不绝。她将顾福生视为自己的莫逆之交,她感谢顾福生引领她走进了一个别样的、清新的、繁荣的世界。

三毛还买了一大堆水彩,对着那一丛剑兰和几个水果专心地画了起来。她用色大胆,斑斓的背景表达了此时的她有多么惬意和自由!当灵魂获得了自由,禁锢的思想获得了释放,画笔也变得灵动而轻盈。虽然三毛师从顾福生仅仅三个月左右,但就是这短短的三个月却能让长达七年的冰封渐渐融化。那间画室成了三毛除了家以外唯一想去的地方,顾福生也成了三毛除了父母以外唯一愿意接近的人。

这时的三毛,已然解开了心结。她在顾福生的引导下尽情地挥洒着内心的奇思妙想,将所有美好的、迷茫的、憧憬的东西统统展现在画纸上。或许,就这样画下去,三毛也会成为一个出色的画家。然而,命运还是安排她成了文字工程师,一个带着文字流浪的人。

后来,三毛这样总结自己的学画生涯:

我的三位老师，在心里，永远是我一生的老师——虽然个人始终没有画出什么好作品来。我只有将自己去当成一幅活动的画，在自我的生命里一次又一次彰显出不同的颜色和精神。

就这样，三毛内心的防线被一点点瓦解，或许她也在等待一个契机，然后她就可以彻底释放，逃离禁锢的藩篱。

而这个契机又是由顾福生给的。

一天下课后，三毛交给顾福生一篇散文。顾福生翻了翻，什么也没有说就收下了。这一年，三毛十七岁。

那时，台湾现代派文学方兴未艾，《现代文学》月刊的主编白先勇和顾福生相交多年。于是，顾福生便把三毛那修改了不知多少遍的作品送到了白先勇那里。一周后上课，顾福生淡淡地对三毛说："稿子送到白先勇那儿了，他也觉得写得不错，一个月后，在《现代文学》刊出。怎么样，同意吗？"

顾福生说话的时候，语气和平常一样淡淡的，仿佛那不过是极其平常的事情，尽管此时他也很激动，甚至他还预见到了三毛的未来。

三毛听了，大吃了一惊。

这一句轻描淡写的话如同雷电一般击在我头上，完全麻木了。我一直看着顾福生，一直看着他，说不出一个字，只是突然想哭出来。

"没有骗我？"轻得几乎听不见声音。

"第一次作品，很难得了，下个月刊出来。"老师再没有说什么，他的淡，稳住了我几乎泛滥的感触。

经过一个月的煎熬和等待，1962年12月，三毛的处女作——散文《惑》在《现代文学》杂志上刊出。自此，三毛终于走出了内心的藩篱，重新找到了自信和骄傲。

三毛几乎是一路小跑着回了家。她捧着那本《现代文学》呼喊着："爹爹，爹爹，我写的，变成铅字了，你们快看，我的名字在上面。"

三毛已经有若干年没有这般孩子样的兴奋和快乐了。陈嗣庆和缪进兰接过杂志后，迫不及待地读着，不禁泪流满面。他们深知这一刻有多么来之不易！

多年后，三毛在《我的快乐天堂》一书中写道：

许多年过去了，半生流逝之后，才敢讲出：初遇恩师的第一次，那份"惊心"，是手里提着的一大堆东西都会哗啦啦掉下地的"动魄"。如果，如果人生有什么叫作一见钟情，那一瞬间，的确经历过。

雨季文学

要感谢白先勇,他的慧眼识珠让一个孤独而自卑的女孩重新找到了自信和希望;更要感谢顾福生,他不仅挽救了三毛濒临崩溃的心,更引领三毛找到了一条全新的人生道路,让她获得了新生!

《惑》的发表,是三毛一生中最值得纪念的一件大事。

它发表在三毛最苦闷、最黯淡的时期,它将三毛从自卑的阴影里拽了出来,成了三毛生命中最重要的转折点。她不再是父母、亲戚和朋友眼中的"低能儿"和"问题孩子"了,而是一个有希望的可造之才。她已经超过了很多同龄的少年,她甚至有希望去摘取星星。

我的文章,上了《现代文学》。对别人,这是一件小事,对当年的我,却无意间种下了一生执着写作的那颗种子。

也许是受到了《惑》成功的激励,三毛接着又创作了小说《秋恋》。1967年1月,小说刊出。这次成功完全是凭借自身的努力,这让三毛兴奋不已。但碍于少女的矜持,她没有把这篇杜撰的罗曼蒂克的爱情故事,拿老师顾福生看。

回顾自己的文学生涯,三毛不无得意地说:"我有一个很光荣的记录,是从小学开始投稿,到现在还没有被退过稿。"

在那段时间里,三毛相继发表了很多作品。有:

《月河》,载于1963年《皇冠》第19卷第6期;

《极乐鸟》,载于1966年1月26日《征信新闻报》;

《雨季不再来》,载于1966年9月《出版月刊》第16期;

《一个星期一的早晨》,载于1967年3月《出版月刊》第22期;

《安东尼,我的安东尼》,载于1968年6月《幼狮文艺》第4期。

这七篇作品都是三毛用自己的真名"陈平"发表的。而那段青涩的岁月也被称为三毛的雨季文学时期。

其实,那些带着尚未从困苦的迷茫和忧郁中走出来的作品,无一不是三毛在情感的荒漠上低沉的呼救。每一篇作品不仅见证着三毛的成长和蜕变,也帮助三毛挣扎着走出自闭的牢笼,寻求自由和希望。

在三毛这一时期的七篇作品里,最引人瞩目的是《惑》《雨季不再来》和《一个星期一的早晨》。

《惑》是一篇三千多字的散文。它写于三毛接触现代派文学不久,其中现代派文学的痕迹较为明显。其中有一些关于意识流的描写,以及大段大段幻觉的表现,都仿佛是对她痛苦挣扎的内心的疯呓,令人心悸:

天黑了，我蜷缩在墙角，天黑了，天黑了，我不敢开灯，我藏在黑暗里。是了，我是了，我是在逃避，在逃避什么呢？风吹进来，带来一阵凉意，那个歌声，那个缥缈的歌声，又来了，又来了。

极度的恐慌使我陷入麻木，之后，我冲翻了画架，我不能自主地在田野里狂奔起来。哦，珍妮来了！

珍妮来了！我奔着，奔着，我奔进了那个被封闭了的世界里。

三毛对心理活动的捕捉真实、逼人。《惑》还表现了三毛写景的天赋，细腻、敏感、准确。

窗外，电线杆上挂着一个断线的风筝。一阵小风吹过，它就荡来荡去。在迷离的雾里，一只风筝静静地荡来荡去。天黑了，路灯开始发光，浓得化不开的黄光。

然而，《惑》毕竟是一个十几岁少女的文学初试。如今看来，其中辞藻略嫌堆砌，整体铺叙不够严谨，结尾似有失控。但对于一个年仅十几岁的女孩子来说，能够细腻地捕捉心理感受，细致而准确地描绘景物，尤其是行云流水般流畅的笔调，都展示了三毛出色的文学天赋和早期风格。

有人这样评价三毛的作品：如果说《秋恋》是一篇"为赋新词强说愁"的爱情故事；《月河》是场尚未开头就已结束的空想情缘；《极乐鸟》是一篇少女的爱情痴呓；那么，在《雨季不再来》里，一个被初恋烦恼缠绕得苦闷忧郁的少女的形象生动地跃然纸上。它和《一个星期一的早晨》,可视为三毛雨季文学时期的代表作品。

《雨季不再来》里描述了少女"我"与男友闹了分歧,少女怅然若失的心情。

恼人的雨季来了,少女顶着雨到学校参加期末考试。考完试,假期来了,但是心爱的男孩子却没有来找她。雨如丝地下着,失恋的少女寂寥地消失在茫茫的雨幕中……

我觉得四周,满溢得不只是雨水,我好似行走在一条河里。我湿得连眼睛都张不开了,做个手势叫李日替我拿书,一面用手擦着脸。这时候我哭了,我不知道这永恒空虚的时光要何时才能过去,我就那样一无抗拒地被卷在雨里。我浮在一条河上,一条沉静的大河。我开始无助地浮沉起来,我慌张得很,口中喊着:"培,快来救我,快点,我要沉下去了。培,我要浸死了。"

三毛对人物心理的刻画可谓入木三分,从眼湿,到擦脸,转而为哭泣,怅然升级为痛苦,写得细致,很有层次,对感情发展的节奏也把握得恰到好处。

而三毛在这方面的能力,在《一个星期一的早晨》中表现得更加淋漓尽致。

《一个星期一的早晨》是一篇风格清新的散文。从文学技巧上来说,这是雨季文学系列作品中最成熟的。

它叙述了两个分别了一年的少女,重逢后在清晨的林子里嬉玩的故事。情节简单,但对少女特有的感伤、寂寞的心理描写却独具味道,颇为传神。

其中有一段描写两个少女看见男生辛堤向她们走来的情景。

林外的阳光依旧照耀着,一阵并不凉爽的风吹过我和帕柯站的斜坡,野草全都摇晃过来。辛堤已经走上了那延伸得很陡的小径。我由上面望着他。

由于阳光的关系,我甚至可以清楚地看见他绣在衬衫口袋上的小海马。此时的帕柯站在我身旁,一只手搁在我肩上,我们同时注视着坡下的辛堤,他仍然低头走着,丝毫没有察觉我们在看他。四周的一切好似都突然寂寥起来,除了吹过的风之外,没有一点声音。我们热切地注视着他向我们走近。此时一个本来没有意味着什么的动作,就被莫名其妙地蒙上了一层具有某种特殊意象的心境。辛堤那样在阳光下走近,就像带回了往日在一起的时光。

用语细致入微,散发着朦胧的诗意。此外,《一个星期一的早晨》还成功地改变了前几篇作品中出现的大篇幅感情直抒的问题,更加成熟和从容地描写景物、人物活动及感觉。

雨季文学是三毛文学创作的起步时期。尽管这一时期的作品夹杂了一些中国古典小说的思想情调,但更多地受到了西方现代派文学的深刻影响。在当时现代派文学繁荣的台湾,这些不过是其中的一片秋叶,但这并不意味着三毛雨季时期的作品水准不佳,更不是像三毛本人自嘲的"并没有阅读价值"。

雨季文学奠定了三毛的创作基础,同时也让三毛积累了许多宝贵的写作经验。雨季文学的作品基本都以第一人称"我"来叙事,渐渐形成了反映作者本人生活和思想的自传体风格。

雨季文学时期的作品，是三毛这一时期生活的镜子。愁苦、忧郁、迷惘、空灵的雨季，既是她自闭的内心世界的写真，也像一片雨云，涂满了她的文学天空。

《蓦然回首》中，提到了三毛与恩师十年后在芝加哥相遇时的情景：

客厅里空无一人，有人送茶来，我轻轻道谢了，没敢坐下去，只是背着门，看着壁上的书画。就是这几秒钟的等待，在我都是惊惶。但愿有人告诉我，顾福生出去了，忘了这一次的会晤，那么我便可以释然离去了。

门开了，我急速地转过身去。我的老师，比我大不了多少的启蒙老师，正笑吟吟地站在我的面前。我向他跨近了一步，微笑着伸出双手，就这一步，二十年的光阴飞逝，心中如电如幻如梦，流去的岁月了无痕迹，而我，跌进了时光的隧道里，又变回了那年冬天的孩子——情怯依旧。

那个擦亮了我的眼睛，打开了我的道路，在我已经自愿淹没的少年时代拉了我一把的恩师，今生今世原已不盼再见，只因为在他的面前，一切有形的都无法回报，我也失去了语言。

是啊，是顾福生在三毛最脆弱、最黑暗的时候点亮了她的生命。让阳光普照三毛内心最黑暗的角落，重拾信心。

青涩的年轮

美,是青春期每个女孩子所追求和梦想的,夜晚的星空下,坐在窗前幻想着,能拥有一条飘逸的裙子,飞扬的长发,一双自己的红皮鞋那该是多么美好的一件事啊!

十二岁以前的三毛和所有的女孩子一样天生爱美,她还曾幻想过自己能像老师一样,涂着口红,穿上漂亮的丝袜和窄裙,举手投足间万种风情。她渴望自己也可以变得美丽,尽情展示属于她的青春。她甚至为了一张美丽的女孩肖像,一天跑宿舍七八趟;为了一条粉蓝色的裙子,她会伤心不已。只是在经历了那场痛彻心扉的羞辱后,三毛的情感便遭遇了冰封。她关上了对生活的热情,也关上了对美的追求。后来,三毛回忆说,自己那时的穿着,只是一片朦胧,鲜艳的颜色好似只是画布上的点缀,是再也不会粘到身上的。

到了十六岁,三毛冰封已久的心慢慢地开始融化,美的种子也开始萌芽。

顾福生家有四个姐妹,都长得很漂亮。年纪稍大些的两个喜欢穿旗袍,年纪小些的两个则喜欢新款洋装。她们几个经常带着精致的装扮同进同出，很是惹人注目。

一次，三毛在顾福生家里学画，忽然听见一阵欢快的笑声由远及近传来。她抬起头，看到顾福生家的四个姐妹正要出门，就像四个仙女从三毛的眼前飘过去一样，三毛突然感觉自己就像一只暗淡无光的丑小鸭。直到这时，三毛惊觉自己早已到了可以肆意追求美丽的年龄了。而此时与顾家姐妹强烈的对比顿时唤起了三毛内心深处沉睡的最原始、最急切的对美的渴望。

那天，三毛回家后，细心的母亲发现了她的情绪不对，问她却吞吞吐吐的，不肯说。其实，三毛很想开口问母亲要一双高跟鞋，尤其是红色的高跟鞋。她觉得那种艳丽的颜色本身就拥有无法言明的魔力，穿上它一定会成为光彩照人的公主。过后，三毛和姐姐陈田心讲了心里的想法。但是姐姐却很反对，认为三毛的想法太过奇异，红色的高跟鞋太张扬了。但是三毛却固执地想要，她觉得那是她心中做了好久的梦，她不肯放弃。

于是，母亲带着她们到鞋厂定做皮鞋。姐姐选了黑漆皮，而三毛则摸着一张淡玫瑰色的软皮，爱不释手。终于，三毛还是拥有了一双红皮鞋。那是一双粗跟皮鞋，样式也比较简单。但三毛却无比激动，她仿佛看见自己穿着这双梦寐以求的鞋子参加了一场又一场的舞会，有很多人邀请她跳舞……

三毛后来很温馨地谈到这双鞋：

我踏着它向画室走去，心情好得竟想微笑起来。那是我第一双粗跟皮鞋，也是我自己藏着的世界里甘心情愿迈出来的第一步。直到现在回想起来，好似还在幽暗而寂寞的光线里神秘地发着温柔的霞光。

一天，三毛父母的朋友从国外回来，除了给他们带的一些礼物，还托他们转交给邻居一个包裹。三毛偷偷地看了那个包裹，里面有一件淡绿色的长绒毛衣。三毛一眼便看中了。她觉得绿毛衣配上她的红皮鞋，该有多么美丽！

她偷偷地穿上毛衣，便往顾福生家跑去。到了顾家，她却不进画室，而是在院子里徘徊。她期待能够再看到那美丽的四姐妹，她觉得此时的自己一定不会在她们面前黯然失色。结果四仙女没有出现，她却不小心在毛衣前襟沾上了一块油彩。

回家后，三毛急忙进了卧室，插紧了门，将那圈沾了油彩的毛线剪掉，将毛衣折好，又放回了包裹里。后来，街上流行尖尖细跟的高跟鞋，三毛便央求母亲给她买。渐渐地，三毛的鞋子越来越多，甚至每天出门前，她都会对着床前一堆鞋子纠结，不知该穿哪一双才好。再后来，三毛穿起了旗袍，搭配尖尖的皮鞋。她觉得自己是一个大姑娘了，她还特意跑去照相馆，拍了一张纪念照。也就是在那时，三毛真的长大了，成了一个淑女。

当年的那间画室，将一个不愿开口，不会走路，也不能握笔，更不关心自己是否美丽的少女，滋润灌溉成了夏日的一朵玫瑰。

然而，美好的日子总是有期限的，离别来了。

一次看完画展后，顾福生对三毛说："再过十天我要远行，以后不能再教你了。"三毛依稀记得顾福生曾提起想要去巴黎，一个空气里充满了艺术分子的浪漫城市。那天，顾福生第一次把三毛送至巷口，还给三毛找车，但是三毛谢绝了。顾福生说："我再给你另找一个老师，好吗？"三毛说："不好。"顾福生摇头苦笑，后来三毛还是走着回了家，带着深深的落寞。

又是顾福生给了三毛一次展示自己的机会，让三毛得以触碰心中的美好愿望。顾福生要举办一次告别舞会。临走前和朋友们话别，三毛自然在被邀请之列。

舞会的前几天，三毛就像一头有些狂躁的小鹿，四处跳动着，根本停不下来。她一会儿试试姐姐的衣服，一会儿试试母亲的衣服，觉得都不合心意，便又重新去搭配。此时的三毛已经没有了初次和家人要鞋子那样的胆怯和羞涩了，而是大方自然地为自己选择喜欢的衣服。

终于，她选择了一条秋香绿的长裙，腰间还配了一条缎子腰带，再别上一朵绒花，脚上是一双尖尖的细高跟鞋。她看着镜子里的自己，从没意识到自己居然可以这样美丽。她浅浅地对着镜子，露出自信的微笑。

那是一场浪漫而又美丽的舞会。美妙的灯光，优雅的来宾，或嘴上挂着精致的微笑，或放松地大笑。而三毛用其独特的气质和美丽，令许多在场的嘉宾惊艳不已，她俨然成了舞会上的公主。伴随着轻盈的舞步，她感到了从没有过的轻松和快乐，自信也慢慢爬上了脸颊。

在那场舞会上，三毛认识了很多朋友，也正式认识了白先勇。其实，三毛和白先勇本是邻居，因为三毛的封闭和羞怯，才形同陌路。

那时候，在这片衰草斜阳的寂静里，总有一个人，偶尔从远远的地方悠然地晃过来——那必是白先勇。三毛怕这个自小便眼熟的人。看到这人迎面来了，一转身，跑几步，便藏进了大水泥筒里去。不然就是拔脚便逃，绕了一个大圈子，跑回家去。

舞会谢幕了，朋友们把顾福生送上汽轮。三毛在渡口看着船渐渐远去，变成一个小小的黑点儿，难掩离别的伤感。那个把自己从封闭的心牢里解救出来的人，那个教会自己造梦的人，去了遥远的异国。

那艘叫作什么的"越南号"大轮船，飘走了当年的我——那个居住在一颗小小的星星上的我，曾经视为珍宝的唯一的玫瑰。他是这样远走的，受恩的人，没有说出一句感谢的话。

那天晚上，三毛在清冷的河边走了很久。她的思绪纷乱而复杂，一种孤独的感觉似又死灰复燃。但是，三毛已经长大了，她已经学会了选择，学会了面对。何况，顾福生还留给她一样最重要的礼物，那就是朋友。

而三毛以后的人生路上都有这些朋友的身影。她开始学着与朋友畅谈心声，学着让自己的生活丰富多彩。

青春，就这样自然而然地从一双红皮鞋拉开了帷幕，在无声的离别中披上成长的外衣。那绿长裙的轻舞，那轻盈的弗拉门戈舞步，那此时无声胜有声的话别，那充满诗意的字里行间，弥漫的都是她内心追求的美好。

十年后，三毛在美国伊利诺斯大学上学。她听说顾福生要到芝加哥，于是便冒着大雪赶火车去看他。而半路上三毛却犹豫了，她想着自己这些年来事业无成，爱情也没有着落，如果见到恩师，又该怎样和他谈起自己的现状呢？一阵自惭袭来，三毛改变了主意。最后，她又乘上火车，黯然地离开了飘雪的芝加哥。

再过十年，1982年春天，已经在文坛上小有名气的三毛终于有勇气敲开了顾福生在台北的家门。时隔二十年，三毛得以拜见恩师，叙旧话新，让恩师看到曾经在自己身上付出的努力没有枉费。因为那时，三毛的名字，和她的《撒哈拉的故事》已经无人不知了。

三毛说："这半生，承恩的人很多，顾福生是一个转折点，改变了我的少年时代。白先勇，又无意间拉了我很重要的一把。直到现在，对每一位受恩的人，都记在心中，默默祝福。"

重拾自信

很多人不喜欢雨季,那样的季节总是阴冷、潮湿,灰蒙蒙的天如同一层盖在心头的布,让人快乐不起来。然而,矛盾的是,我们往往一边盼着恼人的雨季快些过去,一边又希望雨季不要过早地离开。因为雨季的朦胧对于缺乏安全感的人而言,无疑是一种保护,他们更容易在这样的天气里隐藏自己的脆弱。

这种朦胧所带来的安全感,会让人感觉到短暂的放松。只是,雨季终是带着些忧郁的基调,那种伤感配合人的心情往往让低落的情绪更加肆虐。所以,对于蓝天白云的期待终将战胜这短暂的雨季。三毛也是如此。正因为她宝贵的青春大半都在雨季中尘封,所以她更对灿烂的阳光充满无限期待。

而走进三毛世界里的顾福生老师,便是那个能够帮助她拨开层层乌云,见到太阳的天使。刚从自闭中走出来的三毛,孤零如雁,身边一个朋友都没有。后来,顾福生给她介绍了一批年轻人,包括他在五月画会的朋友。尽管三毛的绘画水平有限,但她仍然拥有不凡的鉴赏力,仍然能与那些对画画和文学感兴趣的人成为朋友。

第三章 倔强蔷薇孤独绽放

三毛的第一个朋友叫陈秀美，也就是后来的女作家陈若曦。

顾福生离开后，从尘封已久的孤独世界走出来的三毛，彻底敞开了心扉。她画画、交友、走沙龙、串舞会，玩得犹如脱缰的野马，尽情享受青春期的女孩子应该品尝到的一切快乐和放松。

一天闲着没事儿，三毛和陈秀美像平常一样天南海北地聊着。陈秀美告诉三毛，她应该重返学校去学习，已经开业有一年的台北华冈的文化学院声誉不错，建议她可以考虑过去做一个选读生。听了她的话，三毛也觉得自己离开学校太久了，是该收一收心了。于是，三毛当天就给学院院长张其昀（晓峰）写了一封求学信。

这封信有三四页长。三毛在信中叙述了自己失学的原因和自学的经历，同时在信尾恳切地请求："区区向学之志，请求成全。"结果，次日张院长就告诉她即刻到学校报到。

就这样，三毛成了文化学院第二届选读生。她又可以重新开始她的求学生活了。见到张院长时，三毛还带去了一些自己发表的文字作品和绘画。张先生看了，很是欣慰，还建议她选读文学或者艺术专业。但是三毛想了想，居然在申请表上填了哲学系。

而对此，三毛的解释是："之所以选择哲学，是因为想知道人活着是为了什么。"

这个问题困扰了她太久太久，无论是《河童》还是芥川龙之介，都无法解答她内心的疑问。所以，当重新拥有自信和快乐时，她就要明白活着究竟是为了什么。

三毛的情感世界，还没有完全走出雨季。

三毛的大学成绩属于中上。三毛曾回忆,那时她的总平均成绩为八十五分,她最擅长的就是写文章了。一次,学校进行国文知识测验,而这种测验是要考察很多基础知识的。对于那些接受过正规的中学教育的学生来说,难度不大。但是三毛没有得到过正规的中学教育,她在家休学长达七年,所以许多题目答不上来。

而三毛又不愿意考不及格,于是便别出心裁,用写作文来代替考试题目。她杜撰了一篇悲惨的家史。而国文老师读了她的家史,居然被感动得潸然泪下,测验也就过了关。

这个经历如今看来,倒有几分戏剧性,令人不由得会心一笑。三毛是聪明的,她善于扬长避短。大学时期的三毛好胜心强,无论做什么都要力拔头筹。如果班上有哪个同学读了她从未读过的书,她肯定会想方设法找来一读,下功夫揣摩体会。等到下星期夜谈,三毛会立即说出一个更高明的见解,让那个同学知道她的厉害。班上有一个叫许家石的同学,每次都和她争论得面红耳赤,后来也成了台湾家喻户晓的名人,著有《上升的海洋》《长夜相亲》等。

也许说到这,很多人会理解三毛的一些举动了,为什么她会那样自闭,为什么她后来会取得那样不俗的成就。

事实上,三毛性情倔强,自尊心强。而自尊心太过强烈,就犹如一块硬度过高的铁块,韧性不足,很容易碎掉。那么,三毛便是如此。她的世界里硬度有余而韧性不足,所以,她一旦被逼入死胡同,便很难走出来。

三毛的好朋友在若干年后,曾这样回忆大学时期的三毛。

她在我们几个黄毛丫头中间，显得非常特殊。外形是刘海儿覆在前额，发梢匀向脸庞，她开口能讲日文、英文，提笔能画国画、西画，就是她那斜上右上角好像插翅能飞的字体，也是自成一格。

初入大学的男女孩子，大家都会强说愁。尤其在哲学系，什么加缪、柏拉图，说起来每人都有一套。三毛总是静静地在听，淡淡地在笑，不同意别人的话时她就怔怔地盯着他瞧。其实她面壁七年的苦读，思想见地都比我们成熟得多。知道她是有内涵的，不敢在她面前多开口。喜欢滔滔不绝的人，她也不忍当面拆台。在这种和谐的气氛下，大家相处得很愉快。

可见，在年纪小的女同学的眼中，三毛俨然是个成熟的大姐姐，是具有榜样魅力的人。她总是带着浅浅的笑，静静地听，她总是那样沉静，就像落日前的霞光，丰富而不炫目，神秘而温和。此时的三毛已经与当年那个尖锐而自卑的女孩子判若两人了。即便遇到与同学存在分歧时，她也会懂得给别人留有余地。然而，三毛只是将自己的想法和热情展示给大家，而把悲伤都深深地藏了起来，她所展示出来的，只是其中的一部分自己，另一部分则在自己心里独自承受。

而在老师的眼里，三毛有了另一个形象——作家。女教授胡品清的评价是：三毛喜欢追求幻影，创造悲剧美，等到悲剧美、等到幻影变为真实的时候，便开始逃避。

也许胡老师的评价是对的，而我们又何尝不是生活在幻想中呢？小时候单纯而稚嫩的梦想，长大后坚定而执着的拼搏，都是幻想的魔力使然。只是，现实往往让成长后的我们愈发远离当初的梦想，或者因为主观的放弃，或者因为客观的无力。

然而，幻想也好，理想也罢，都是我们早时播种下的心灵种子，无论最终是否会发芽、生根，哪怕它只是在我们的梦里成熟了、绽放了，也是对我们曾经岁月的祭奠，是对青春、对生命的祭奠。

第四章　恋爱的滋味

你叫我向东，我羊羔一样给你青草；你让我向西，我夕阳一样映你彩霞；你叫我向北，我是你冬风中的百合；你让我向南，我就是你空中的新娘。东西南北，你是我柔情的爱人，我思念中星星的星星。我喜欢你，你是我硕果的丰润，血液里流淌的思念，你是我梦中牵手的温情；我喜欢你，有分寸的，节制的，狂喜的，哭泣的，我喜欢你……我喜欢你，我从来不对你说谎，不对你说我爱的彷徨，因为我爱得深沉与安宁。

花季的爱情

徐志摩曾说过："一生至少该有一次，为了某个人而忘了自己，不求有结果，不求同行，不求曾经拥有，甚至不求你爱我，只求在我最美的年华里，遇到你。"

几米也说过："我遇见了猫在潜水，却没有遇见你。我遇见了狗在攀岩，却没有遇见你。我遇见夏天飘雪，却没有遇见你。我遇见冬天刮台风，却没有遇见你。甚至我遇见的猪都会结网了，却没有遇见你。我遇见了所有的不平凡，却没有遇见平凡的你。"

是的，每个人的心里都曾有那么一段感情，纵然失去了，也恋恋不舍。以后若干年，无论遇到谁，也许都无法将那个人淡忘，就像爱上一朵玫瑰，也许最终它凋谢了，但心里的刺还在，那个温暖的残影时不时地映照在独处的深夜。

人有时就是这样，明明知道结束了，明明知道那个人早已走远，却还是忍不住思念，忍不住去质问，那个曾经许给自己未来的他。

当时文化学院戏剧系二年级有一个男生，叫梁光明。他入学前当过兵,还曾做过小学教师,刚读大学二年级,就已经出版了两本诗集,是当时学院里有名的才子。加上梁光明有着挺拔的身姿,走到哪里都备受瞩目,很多女孩子都对他芳心暗许。

　　三毛记得自己第一次为他心动的情形。那时她从几个女孩子对他兴奋的谈论中对梁光明产生了强烈的好奇心。三毛原本就倔强而不服气,她甚至不相信他会比自己的文笔好。于是,她便跑去问他借书。当时梁光明正在闭门造诗,随手便给了她一本自己的集子。三毛接过书就匆忙离开了,迫不及待地要看看这个所谓的才子究竟厉害在哪里。

　　然而当三毛翻开集子,读那些文章时,便毫不设防地坠入了情网。这个女孩子,第一次有了除亲情外的另一种奇妙的情感。

　　这个男孩是当过兵才来念大学的,过去他做过小学教师。看了他的文章后,我很快就产生了一种仰慕之心,也可以说是一个十九岁的女孩对英雄崇拜的感情。从那时起,我注意到这个男孩子——我这一生所没有交付出来的一种除了父母、手足之情之外的另一种感情,就很固执地全部交给了他。

　　我对这个男孩,如同耶稣的门徒跟从耶稣一样,他走到哪里我跟到哪里。他有课,我跟在教室后面旁听;他进小面馆吃面条,我也进去坐在后面。这样跟了三四个月,其实两个人都已经面熟了,可是他始终没有采取任何行动。我的心第一次受到爱情的煎熬。其实,现在想想,那不能称之为爱情,而只是一种单相思,蛮痛苦也蛮甜蜜的。

　　我深深地爱上了这个男孩子,一种酸涩的初恋幻想笼罩着我。我曾经替自己制造和他同坐一趟交通车的机会,为的是想介绍一下自己。但是他根本不理睬我,我连话也没跟他说上。

在那个雨季,三毛喜欢上了梁光明,喜欢得一塌糊涂。正如席慕蓉《一颗开花的树》里面写的:

> 如何,让你遇见我?
> 在我最美丽的时刻。
> 为这——
> 我已在佛前 求了五百年,
> 求它让我们结一段尘缘。
> 佛于是把我化做一棵树,
> 长在你必经的路旁。
> 阳光下,
> 慎重地开满了花,
> 朵朵都是我前世的盼望!
> 当你走近,
> 请你细听,
> 那颤抖的叶,
> 是我等待的热情!
> 而当你终于无视地走过,
> 在你身后落了一地的……
> 朋友啊!
> 那不是花瓣,
> 是我凋零的心。

记得张爱玲爱上胡兰成的时候,说自己爱得很低很低,低到尘埃里。三毛也是。

三毛爱得很疯狂,大约有三四个月的时间,梁光明走到哪里,三毛就跟到哪里。梁光明夹着书去上课,三毛便也随他去戏剧系旁听,哪怕是旷课。然而,她的心上人似乎并没有注意到她,从不曾在她身边停下脚步。

大学的三毛,依然没有停止在报刊上发表文学作品。而才华横溢的她,自然也会得到不菲的稿酬。有一天,她用新赚来的稿费请客。教室里热闹极了,大家一边喝着米酒,敲着桌子,高声唱歌,一边祝贺着三毛。

正在这时,门被推开了,进来一位高年级的男生。让同学们感到惊讶的是,这个人正是学校里有名的才子——梁光明。从那一刻起,三毛便再也听不到周遭的嘈杂和喧闹了,她所有的心思便一股脑地倾注到了这个让自己在情感中煎熬的心上人身上。

梁光明随便找了位子坐下,与别的同学开玩笑、倒酒、碰杯……他的一举一动,三毛都看在眼里。三毛觉得,不管怎样,他都该走过来向自己道贺。然而,遗憾的是,梁光明并没有在意这场宴会的主人是谁,从始至终也没有转身和三毛焦灼的眼睛四目相对。

最后,梁光明和别的同学摆了摆手,笑着走了。梁光明离开后的宴会顿时索然无味,三毛拼命地喝酒,一杯又一杯。她想发泄内心的折磨,她终于品尝到了单恋的苦涩滋味。匪兵甲、毕加索……所有关于爱情的苦恋回忆,都变得那么不堪回首。

但是,如今的三毛已经十九岁了,她早已挣脱了自闭的藩篱,尽情地在青春的天空遨游,她的翅膀上,吹动着自由的风。

三毛决定主动采取行动。

宴会结束了,三毛独自在空旷的操场上游走,她希望借此来驱除痛苦。上天还是眷顾她的,痛苦没有被驱走,缘分却来了。三毛突然发现,操场上离她很远的地方,站着一个熟悉的身影。她又往前走了走,终于看清了,是梁光明!而此时,梁光明也看见了她,他没有动,还是有些僵硬地站在那里。

此刻,三毛的心"突突"地跳个不停。他们就这样静静地伫立着,脚下是碧绿的草坪,很平坦,像一条温柔毯子。

三毛不想让自己就这样错过,她觉得人生不能这样一幕一幕地遗憾下去。爱情,总应当有一个开始。

于是我带着紧张的心情朝他走去,两个人默默无语地面对面站着。我从他的衣袋里拔出钢笔,摊开他紧握着的手,在他的掌心上写下了我家的电话号码。自己觉得又快乐又羞涩,因为我已经开始了!

还了钢笔,对他点个头,眼泪却禁不住往下掉,一句话也没说,转了身拼命地跑。那天下午我逃课了,逃回家守着电话。只要电话铃声一响,就喊叫:"是我的!是我的!"

一直守到五点半,他真的约了我,约我晚上七点钟在台北车站铁路餐厅门口见。我没有一点少女的羞涩就答应了。这样,我赴了今生第一次的约会。

等待的过程是煎熬的,也是忐忑的,尤其对于渴望爱情的人而言,更是如此。无法想象当时的三毛内心经过了怎样的煎熬与挣扎。这场约会她等了太久、太久。她对着镜子悉心打扮。她要在最美的年华里，让自己的心上人看到最美的自己。

　　心有灵犀一般，两个人都早早地到了约定的地点。梁光明轻声地问三毛："我们去淡水旅行吧。"三毛连连点头。那时的三毛一定在想，只要在你身边，去哪里都好。

　　这场揪心的初恋终于开出了甜蜜的花。多年后，三毛写了一首名为《七点钟》的诗歌。稍显青涩的笔触，将一个痴情少女的内心袒露无疑。

> 今生就是那么地开始的，
> 走过操场的青草地，走到你的面前，
> 不能说一句话，
> 拿起钢笔，
> 在你的掌心写下七个数字，
> 点一个头，然后，
> 狂奔而去。
> 守住电话就守住度日如年的狂盼。
> 铃声响的时候，自己的声音那么急迫，
> 是我，是我，是我——是我，是我，是我。
> 七点钟，你说七点钟？
> 好，好，好，
> 我一定早点到。
> 啊，明明站在你的面前，
> 还是，
> 害怕这是一场梦，
> 是真是幻是梦，是真是幻是梦。

车厢里面对面坐着,
你的眼神,
一个惊惶少女的倒影。
火车一直往前去呀——
不管它要带我到什么地方。
我的车站,
在你旁边。
就在你的身旁,
是我——
在你的身旁。

初恋的那些事

手上青春　还剩多少
思念还有　多少煎熬
偶尔惊见　用过的梳子
留下了时光的线条
你的世界　但愿都好
当我想起　你的微笑
无意重读　那年的情书
时光悠悠　青春渐老
回不去的　那段相知相许美好
都在发黄的信纸上闪耀
那是青春　诗句记号
莫怪读了心还会跳
你是否也还记得那一段美好
也许写给你的信早扔掉
这样才好　曾少你的
你已在别处都得到

这是江美琪的歌曲《那年的情书》。轻声哼唱这首歌，会让人想起自己那青涩的初恋。那悸动的年纪，总是盼望着收到对方的书信，哪怕是只字片语。然后晚上在被窝里一遍一遍地回忆。

每个人的一生都要经历初恋的喜悦和烦恼，只是大部分的初恋并不会开花结果。但是那段在我们最青涩的年纪留下的最真挚的情感，却是最值得珍藏的爱恋。这种有些朦胧的情感体验常常陪伴我们走过青葱岁月，甚至会伴着我们战胜很多庸俗。

和每一个享受初恋的甜蜜与喜悦的女孩子一样，三毛也沉浸其中，如痴如醉。少女时代所经历的种种心灵苦难，在她十九岁的时候，悉数得到了补偿。

三毛的生活日渐丰富起来，不知不觉中她的许多观念也发生了变化。她开始尊重生命，憧憬未来，甚至学会了自我肯定和期许。她俨然已经重生了，焕发了无限生机。她不仅轰轰烈烈地谈着恋爱，还努力读书，不辞辛苦地做家教，认真地写书。也许，这就是爱情的魔力吧。

梁光明是一个有才华和魅力的人。他的成熟和稳重、博学和多才，给了三毛很大影响。多年后，当三毛回忆起这段感情，仍然很怀念，可见她对梁光明的感情真挚而美好。

> 一直跟着这位男朋友如同亲人般的男同学……恋爱并不是小说中形容的空洞和不真实，许多观念的改变、生活的日渐踏实、对文学热烈的爱、对生命的尊重、未来的新信心、自我肯定、自我期许……都来自这份爱情中，由于对方高于我太多的思想而给予的潜移默化。

也许在他们刚刚开始这段恋情的时候，梁光明对三毛是不够爱的，至少不像三毛爱得那么主动，那么热烈。他需要时间去接受、适应和体会，就像在品一杯浓香的烈酒，不是每个人都能享受。

三毛的魅力在于她的内涵。她就像一阵飘然而来的清风，夹杂着花香，夹带着细雨的湿润，让人沉醉其中而欲罢不能。梁光明虽然表面故作镇定，还不时地摆出一副高姿态，但他的心早已被三毛所俘获。

这对才子佳人经常牵着手在校园里漫步，在花前月下谈论着彼此都感兴趣的话题。他们聊戏剧，聊文学，互诉衷肠。沉浸在初恋甜蜜中的三毛，肆意地享受着爱情所带来的每一个细微的幸福。她用心去感受着、体会着、寻找着，她甚至将心里所有美好、幸福的体会都用笔一点一滴记录下来。

与当年的《惑》相比，那些抒情的文章显得更为质朴和灵动，让人读来有一种如清流滑过心田的淡雅。三毛开始渐渐让自己的文字更加丰满起来，尝试着用不同类型的题材进行写作。她对心理描写的处理更加纯熟和细腻，让人读后感同身受。

然而，如很多凄美的爱情故事一样，总要在某个节点生出些枝节，甚至出现转折。在甜美的恋情中滋润着的三毛，做梦也没有想到，她倾心对待的这段感情最终会无疾而终。

说短不短，说长不长的两年时光转瞬即逝，梁光明要毕业了。此时的三毛开始惶恐，她无法想象梁光明离她而去的情景。她因此夜不能寐，久久没有出现的自卑和不安全感瞬间袭来，想得多了，几乎成了一种思想的病症，终日困扰着她。

于是，结婚的念头闪过她的脑海。她要捍卫自己的感情，留住这个人，留住他便是三毛此时唯一想做的事。

当时的三毛不过二十一岁，尽管她读的是哲学系，也写过一些爱情故事，然而对于现实的感情，她还没有经历，有的只是由心而来的真实冲动。她想通过婚姻这根绳子将自己与对方紧紧系住并打个死结。

但是，梁光明当时还不想结婚。他想要的是一种精致的生活，有品质的生活，而不是简单的生存。所以，在这个最重要的问题解决之前，他没有时间和精力去泡在恋情里卿卿我我。

也许，倘若三毛愿意与他一起面对，一起努力，他也会很开心，也许，慢慢地他们的爱情会修成正果。但那也只是也许，事实上，三毛给了他无形的压力，他当时颇为忌惮的压力。

三毛倔强而固执的性格又来了。所以，当三毛愈来愈频繁地提起结婚时，他的眉头也越锁越紧。他试着说服三毛："我还有一年才大学毕业，你还有两年，我们可以再等一等。"他的眼里写满了哀求与无奈。

听了他的话，三毛冷笑起来："等什么？等我们在这一年里分手？"她头上的贝雷帽被风吹掉了，她却顾不得捡，只是紧紧地盯着梁光明。强硬的措辞和冷冷的口气成了她捍卫自己感情的方式。

梁光明只能转头不语。远处的夕阳将半边校园都涂亮了，扶桑树和尤加利投下浓浓的阴影。三年前，在他刚入学的时候，这些尤加利刚刚被移植过来，又细又弱。如今，已经枝繁叶茂了。他忽然发觉很久没有注意它们了。

"如果你不想和我结婚，我们可以现在就分手，不用再等。"

梁光明无奈地说道:"我哪儿有说不和你结婚?"

听到他这样反问,三毛又笑了。她感觉梁光明还是在乎自己的,于是她用手环住梁光明的腰,盯着他的眼睛说:"既然是要结婚的,早晚有什么关系?"

"结婚,结婚,既然是为了嫁人,何必要来念大学?"忍耐是有限度的,在这一时刻终于爆发出来了。当梁光明再次听到"结婚"这个词时,太阳穴一阵针扎般的痛。虽然他明知这样说肯定会激怒三毛,但他还是要讲。

果然,话音未落,三毛便歇斯底里地用手中拎着的提包去打他。痛苦的她五官变得扭曲,声音也激动得尖利得如一把利剑:"你滚,你去找不想嫁人的大学女生……"

他们就这样争吵起来。在这条路上甚至能够看到他们的学校,三毛入学时正是学校的第二届学生,全校师生加起来不过两百多人。

旁边的凉品店有很多过往的学生,听到三毛的喊叫纷纷侧目。在这个两百多人的学校里,彼此很容易混个脸熟,何况他们两个是学校里有名的才子与才女——梁光明以舒凡为笔名已出版过两本书,三毛此时也已在很多杂志与报刊上发表过文章。

此时的梁光明,脸开始发烫,同学的私语一阵阵地飘到他的耳朵里:"那不是舒凡和陈平吗?他们吵架了?"

他试图将三毛拉到路边盛开的花丛后去。不料他刚伸出手,便被三毛抓得缩回手去。他不禁急了,低吼着:"平平,你不要闹了,让别人看笑话。"

听他这样说,三毛反而斗气地冲路过的同学喊:"你们谁认识特别的女孩,可以介绍给他。你们认不认识他?著名的舒凡……"

梁光明被她气得一句话也说不出来,脸色红一阵青一阵,他感觉颜面尽失,也对三毛失望至极。终于,他甩手离开。

他转身时,三毛还在让他"滚",但他真走了,她又拼命地追,边追边喊:"你要是走了就不要再来找我。我们完了,梁光明,我们完了。"

雨季不再来

歇斯底里过后的三毛仿佛被抽空了一样,只是在那自顾自地嘀咕着什么,她不懂,她想喊叫,心里却隐隐地感觉到无能为力,几年前的那种无力感仿佛又在眼前晃动。

梁光明回到宿舍时,舍友们都同情地看着他。大学里的流言就像长着翅膀一样,飞行的速度让人目瞪口呆。他们都知道三毛又在逼梁光明了。梁光明一屁股坐在床沿上,无奈与疲惫写满了全身。

有同学拍着他的肩,问道:"你打算怎么办?和她订婚还是吹?"

面对这样的问题,他顿觉精神上又被刺痛了,便没好气地推开同学,一言不发地又出了门。

而三毛其实一直都在男生宿舍楼附近的树后躲着。看到梁光明从宿舍楼里走出来,心里感觉安稳了些,但碍于面子,又将身子向树后躲了躲。她对自己说,假如梁光明去找她,对她说几句好话,她就原谅他,反之,他们就此分手。可是,梁光明只是骑上自行车,飞快地向校外而去。

等三毛骑着自行车追出去时，早已不见梁光明的身影。她将车子踩得飞快，快到格子裙里鼓满了风，随时都会被掀起来。

三毛一路飞奔回家，就把车子扔到墙角，任由它摔在地上，仿佛这一扔，会让自己感觉舒服些。

"有没有人来找过我？"三毛拦住母亲问道。而当她与母亲的眼睛对视时，泪水便再也无法控制地流了下来，边哭边问："有没有啊？"

母亲不是第一次看到三毛这样哭。一年多前，某个凉风习习的下午，三毛也是这样从外面飞奔回家，还没进家门就迫不及待地问："有没有我的电话？"得知没有时，她也不多说什么，径自回到房间里，谁去叫都不理会。而一旦听到电话铃响，她就急忙冲到电话旁："我来接。"这样反复折腾了几次，父母都看出了其中的秘密，她是在等男孩的电话。

如今，母亲却只能再叹气，摇着头说："没有人来过，也没有人打来电话。"

缪进兰伸手去理三毛的乱发，边理边问："你的帽子呢？"

"不知道。"

"那，梁光明呢？"

听到"梁光明"这三个字，三毛便像被刺伤一样，瞬间火起来："死了。"

陈嗣庆和缪进兰都很喜欢梁光明。父亲甚至认为，三毛与梁光明的恋爱，是三毛这些年里唯一正确的恋爱。所以当三毛带着梁光明到家里来，他是高兴的，这个男孩符合他对女婿的一切要求：青年才俊，品学兼优。

等梁光明走后，父亲还按捺不住自己的欣喜，破例去三毛的房间叮嘱:"这次,不能再随性子来,要认真地恋爱。"

三毛被父亲的话逗笑,她反问道:"我什么时候不认真过?"

父亲没再多说,只复杂地笑着,说了一个地名:"屏东东港。"

听到这几个字,三毛自己也有些不好意思,讪讪地说:"那,那是许多年前不懂事。"

那年,三毛不过十三岁。十三岁,她便一心向往长大,成为一个大人,去探寻更大、更广阔的世界。

于是,一次,家里的女佣玉珍带着三毛去东港、小琉球旅游的途中,三毛认识了一个军校的在读生。她居然有模有样地与人家谈起了恋爱,还谎称自己已经十六岁了。很快,这件荒唐的事情被家人发现了,并及时制止。为此三毛惆怅了好长时间,她自称自己第一次有了朱丽叶的感觉……

当三毛真的满十六岁以后,家里经常会来一些男生,约三毛出去跳舞或者郊游。还有邻居家的男孩子,虽然远在香港上学,却时常用印着暗花的冰蓝色信纸给她写信,每年假期也会来找三毛。然而,这些男孩却都未引起三毛的兴趣。连她的父亲都不得不承认,这些男孩和三毛在一起,看上去并不和谐。

终于,梁光明出现了。尽管父亲陈嗣庆对梁光明并不了解,但是,男人之间仿佛有种天然的默契,他预感三毛与这个男孩子之间会有爱情的正能量产生。他觉得自己的女儿个性太强,这两个孩子都有自己的主见,谁想改变谁,都非易事。

当三毛告诉父母她打算结婚时,父母没有表现得如她想象中那么惊讶,只是问她:"梁光明怎么说?"或许,这就是三毛父母的处事方式,面对三毛的任何爆炸性问题,他们都能做到淡然处之。

"他会同意的。"起初,三毛这样说。

"他不同意也得同意。"几天后,三毛又这样说。

"他不同意我就出国去。"最后,三毛无奈地说。

"出国?去哪里?做什么?"母亲皱起了眉头。

"念书。念大学。去西班牙。"三毛头也不抬地回答。

"可是你在这里的大学还没有念完啊。"母亲停下筷子,一脸的担忧,急急地问。

三毛轻抬眉头,向上空瞟了一眼:"不用念完,反正出国后也得重新念。"

"胡闹!"陈嗣庆将筷子用力地放在桌上,"说出国就出国,你怎么不说去外太空呢?"

三毛看到父亲拍桌子,知道父亲生气了。但她也不惧怕,反倒嘻嘻笑着抬头看父亲,她说:"我要是去外太空,担惊受怕的人是你们。"

"一定要去吗?"母亲的话里难掩悲伤,这个从小让父母头疼的孩子,让父母操碎了心。她拉拉丈夫的衣襟,示意让他小声点。

此时的三毛已经看不到父母的神情了,她看到的只是自己内心的绝望,于是她冷笑:"不去也可以啊,不是他疯就是我亡。"

其实,我并不想出国,但为了逼他,我真的一步步在办理出国手续。等到手续一办好,两人都怔住了:到底该怎么办呢?

临走前的晚上,我还是不想放弃最后的机会:"机票和护照我都可以放弃,只要你告诉我一个未来。"

他始终不说话。

"我明天就要走了喔!你看呀!我明天就要走了,你真的不给我一个答案?"

我再逼他的时候,他的眼泪却不停地滴下来。

再也逼不出答案来时,我又对他说:"我去一年之后就回来。"两人在深夜里谈未来,忽然听到收音机正播放着一首歌——《情人的眼泪》。他哼唱着"为什么要为你掉眼泪,你难道不明白是为了爱?要不是有情人跟我要分开,我眼泪不会掉下来,掉下来……"

而我听到这里时,眼泪则像瀑布般地流泻下来。

我最后一次问他:"有没有决心把我留下来?"他头一低,对我说:"祝你旅途愉快。"说完起身要走。我顿时尖叫了起来,又哭又叫地扑过去打他。我不是要伤害他,而是那两年来爱恨的期盼与渴望全落空了!

我整个人几乎要崩溃了。在没有办法的情形下,我被感情逼出国了。

如此,感情被掏空的三毛几乎要崩溃了。

爱情,渐行渐远。

后来,三毛的父亲在回忆女儿的这段往事时,这样说道:

对于我女儿初恋的那位好青年,作为父亲的我一直感激在心。他激励了我的女儿,在父母不能给予女儿的男女之情里,我的女儿经由这位男朋友,发挥了爱情正面的意义。当然,那时候的她并不冷静,她哭哭笑笑,神情恍惚,可是对于一个恋爱中的女孩而言，这不是相当正常吗？

那时候，她总是讲一句话："我不管这件事有没有结局，过程就是结局，让我尽情地去，一切后果，都是成长的经历，让我去……"

她没有一失足成千古恨，这怎么叫失足呢？她有勇气，我放心。

我的二女儿，大学才念到三年级上学期，就要远走他乡。她坚持远走，原因还是那位男朋友。三毛把人家死缠烂打苦爱，双方都很受折磨。她放弃的原因是：不能缠死对方，而如果再住台湾，情难自禁，还是走吧。

三毛离家那一天，口袋里放了五块钱美金现钞，一张七百美金的汇票单。就算是多年前，这也实在不多。我做父亲的能力只够如此。她收下，向我和她母亲跪下，磕了一个头，没有再说什么。上机时，她反而没有眼泪，笑笑地，深深看了全家人一眼。登机时我们挤在瞭望台上看她，她走得很慢很慢，可是她不肯回头。这时我强忍着泪水，心里一片茫然。三毛的母亲哭倒在栏杆上，她的女儿没有转过身来挥一挥手。

"有缘相遇，无缘相聚，天涯海角，但愿相忆，
有幸相知，无幸相守，沧海明月，天长地久。"

情难自已，与逼迫和折磨无异。终于，三毛带着无果而终的初恋逃离了台湾，飞去了西班牙。

命运赋予我们每个人的过程与结局都不容更改。这两片曾经相聚的云朵，在花季的年龄，相遇相知而又分离，一切都是缘分，他们没有因为离散而形同陌路。相反，一个用随遇而安获得

平静，另一个用半生漂泊换取故事。多年以后，三毛和舒凡，还保持了淡淡的君子之交。

九年后，三毛出版《雨季不再来》一书，舒凡为之写了序：

十多年前，烦恼的少年三毛难免把写作业当成一种浪漫的感性游戏，加上人生阅历和观念领域的广度不足、透视和内诉能力尚未长成等原因，使她的作品过于强调个人化的片段遐想和感伤。但是，从中透露的纯挚情怀和异质美感，也别具一种奇特的亲和力。《雨季不再来》只是三毛写作历程起步的回顾，也是表征60年代初期，所谓"现代文艺少女"心智状态的上乘选择。

三毛说，她奔走天涯，只是为了逃避情感的创伤。远行，对她来说，不是信仰，也没有多少诱惑，只是想要遗忘，想要放逐。直到后来，远方的风景，还有那个大胡子男生，抚平了三毛内心的伤痕。她就那样，走出情感狭隘的小天地，有了踏遍山河的热忱。

飞翔的蒲公英

　　孩子长大了，总是要离开父母的，有些人注定是属于远方的，三毛便是如此。西班牙对她来说并不陌生，这里是她梦中情人毕加索的故乡，也是她曾经梦里的第二故乡。据她本人说，她还上大学三年级的时候，偶尔听到了一张西班牙古典吉他唱片，便被深深地吸引了。她想象那个国土上的田园、牧歌、小白房子、毛驴、一望无际的葡萄园……越想越远，由此产生无限神往！

　　想象和现实的差距真是太大了，陌生的国度，陌生的生活方式，日子也变得漫长起来。无聊的时候，三毛给家里写信，不说寂寞，不诉辛酸。和大多数漂泊在外的游子一样报喜不报忧。白日里，西班牙人热情奔放的生活方式和华丽的风景可以排遣她心中的孤寂。可一到夜晚，那种乡愁，以及残余的初恋情感，深深地钻入她的骨血，令她疼痛难当。但她必须忍受这种痛苦，因为选择离开台北的时候她就已经知道，悲伤和孤独是旅途中必经的路程。

　　三毛说："我一直在想，是不是应该到那里看一次，然后把哲学里的苍白去掉。"此时的三毛刚刚经历过一场失恋。爱情的痛苦，正在煎熬着她，她是在爱情的苦难中逃走的。去一个向往中的世外桃源，或许能够让内心的伤早点平复。

曾经，时间做了刀客，宰割了她的爱情。如今，时间又做了良药，慢慢治愈她受伤的心灵。终于，这个孤僻、冷漠的女孩被西班牙的热情和随性感染。她终于相信，环境能够在潜移默化间将一个人改变。任你多么固执，多么坚定，终究也会被风雨打湿衣襟，被岁月染上尘埃。

所以，可以这样说，三毛来西班牙的初衷，是要让自己摆脱爱情的苦难。所以三毛在马德里最初的两年，并没有在学业上花费太多的精力。她对于自己在西班牙的学习生活提及甚少，说得最多的反而是西班牙人的生活方式和情感对自己人生的影响。

西班牙的魅力不仅仅在于它的美丽，还有那融合了罗马与日耳曼艺术风格的城市，终日不吝于向世人展示着它的风姿，让世人感受到它的浪漫与奔放。

其实三毛骨子里热烈又野性，美丽而哀伤。渐渐地，她成了马德里一只无拘无束、自在飘飞的蝴蝶。她开始流连于咖啡馆、跳舞、搭便车旅行、听轻歌剧。

她还学会了抽烟，爱上了喝酒。这并不意味着三毛从此不再是那个纯情女子。只能说，她终于走出那个封闭多年的牢笼，开始学会享受生活，珍爱生命。一个人，只要内心清澈，任由世间风云变幻，亦可以洁净无尘。

三毛曾说："在马德里大学城书院。每日中午坐车回宿舍用午餐时，桌上的葡萄酒是不限制的。在那个国家里，只喝白水的人可以说没有。一般人亦不喝烈酒，但是健康的红酒、白酒是神父和修女，甚至小孩子也喝的东西。就是这种自然而然的环境，使我学会了喝酒，而且乐此不疲，也不会醉的。"

为此，三毛还特意买了一个酒袋挂在腰间，她对酒的情结来自于西班牙。以后的日子，无论喝与不喝，里面总得注满了葡萄酒。后来换了地方，三毛总想着买一瓶好酒浸泡那个酒袋，却总是少了一份心情，亦找不到西班牙那般味道的酒。原本应当是用上一辈子的东西，就那么一日一日地干涸下去。

三毛曾经给自己做过一个比喻，说在马德里的自己像一只"无所谓的花蝴蝶"，无拘无束，自由闲荡。她"深爱西班牙民族那份疯狂和亲热，人与人的关系，只看那一只只你也喝、我也喝的酒袋，就是最好的说明"。

这里的人们很热情，待人友好。三毛不需要靠家里接济，她说："很简单，吃白面包，喝自来水，够活！"就连她生病、牙疼，也能哄得医生给她用免费的麻醉针。渐渐地，她的情伤在马德里的热情中平复。

一次，三毛在搅拌咖啡时突然意识到，自己好像很久没有想起过梁光明了，自己是如何将他忘记得一干二净的呢？后来，她也不再去想了，全新的生活已在向她招手，命运的手已经将她推入了另一扇门。

此时的三毛，性格已经有了改变。在马德里，三毛跟着父亲的一位朋友住在了西班牙一所天主教修女办的宿舍"书院"里。这里很少有中国学生居住，在其他人的眼里，三毛无疑是个"洋鬼子"。

三毛住的屋子是一间容纳四个人居住的大卧室，那也是她长那么大第一次与这么多人同住一间屋子。起初几个月,三毛遵守父母临行前吃亏是福的教诲,在宿舍里温顺有加,像个勤杂工一样地打水、扫地……

我慢慢地会说话了,也上学去了。这里的洋鬼子都是和气的,没有住着厉鬼。我没有忘记大人的吩咐,处处退让,她们也没有欺负我。我人胖了……

所以,最初的日子里,三毛感觉不错。舍友们不仅大方地教她当地的语言,还有人会主动借给她课程笔记看。在这样友好的氛围里,自己的坏脾气也没有地方施展。她不时地提醒自己,中国人要有气度,要大度和宽容,方显中国民族的美德。

于是,每天清晨一起床,她便开窗、扫地、换花瓶水、擦桌子、整理衣柜……忙得不亦乐乎。有时,她还热心地主动帮别人铺床。别人借她的衣服穿,涂她的指甲油等,她也都有求必应。

渐渐地,或许连三毛自己也不清楚,不知从什么时候起,她不仅开始要负责整理自己的床铺,还要帮助其他人铺床。最初还只是一两个,最后就是四个。几个月后,舍友们除了对她报以微笑,便不再有其他行动了。

看着脏乱的房间,三毛越来越感到那些女孩子得寸进尺,一天比一天猖獗。吃亏真的是福吗?三毛觉得肚子里憋着一团火。但是她还是选择了忍耐。

一天,三毛在吃饭时通知了舍友:"你们自己的床我不再铺了,打扫每人轮流一天。"几个人点点头,还是冲她笑笑。但次日状况依旧没有改变。

三毛心里的怒火越烧越旺，但因为父母的叮嘱，她还是控制了自己的愤怒。忍让，继续忍让。

而三毛那些好看的衣服和鞋子也成了众人羡慕的对象，院长甚至还因此给她配了大衣柜，专门放那些漂亮的衣服。于是，随着三毛认识的人越来越多，来向她借衣服的人也越来越多。

起初她们还能按时把衣服还回来。渐渐地，便如拿自己的衣服那样随便，甚至不归还。一次吃饭时，三毛看到几个穿着自己衣服的女生围在一起聊天。看到三毛，她们热情地打着招呼，还讨好她。但是三毛的心情却愈发糟糕。

三毛会不定时地接到这样的电话：

"三毛，下雨了，帮我收下衣服。"

"三毛，我在外面吃饭了，你先别睡，等我回去给我开门。"

"三毛，亲爱的，快下楼帮我烫一下那条红裤子，我回来要换，一会儿出去。"

"三毛，帮我留一份饭，我一会儿就赶回来。"

还有这样的召唤：

"亲爱的，帮我卷一下头发，顺便带上你的指甲油。"

甚至，还有埋怨：

"三毛，今天院长发火了，你怎么没有扫地啊？"

三毛愈发无法忍耐，于是，在一个冬日的晚上，她爆发了。

那天，女孩子们都挤在三毛的床上，偷喝甜酒。三毛打开窗户，帮她们醒酒。这时，院长突然铁青着脸出现在门口，女孩子们吓得惊慌失措。

"疯了！你们简直是疯了！说，是谁带的头？"

院长的吼叫让女孩子们瞬间安静了，纷纷低下了头。终于，她们的目光都落在了三毛的身上。

"Echo，果然是你！我早就想警告你要安分。看在你是外国学生的份上，从来不批评你，你给我滚出去，我早听说是你在卖避孕药——你这个败类！"三毛憋在心里太久的怒火，瞬间被点燃，她像一只被激怒的狮子，跑出房间，抄起扫帚冲回来，向人堆里猛劈猛打。

她愤怒地挥舞着扫帚，扫帚像雨点一般打得女孩子们尖叫乱跑。有人试图上来抱住她，她挣扎着，反过身抽了一个女孩子的耳光，又朝另一个女孩的胸部狂踢，还举起花瓶砸向院长。

十几年前，那位默默忍受数学老师侮辱的苍白少女已经一去不复返了。

没有人想象，平时看上去忍气吞声的三毛，体内居然积攒着这样惊人的能量。一阵发泄后，周遭死一般的寂静。

"三毛，把衣服还给你，谢谢！"

"洗了再还，现在不收。"

三毛在《西风不相识》中有一段描写：

这个世界上，有教养的人，在没有相同教养的社会里，反而得不到尊重。一个蛮横的人，反而可以建立威信，这真是黑白颠倒的怪现象。以后我在这个宿舍里，度过了十分愉快的时光，国民外校固然重要，但在建交之前，决不可国民跌跤。那样除了受人欺负之外，建立的邦交也是没有尊严的。

三毛发完飙后，就做好了滚蛋的准备，因为她不仅发飙，还拿花瓶砸了校长。可奇怪的是，等了几天，学校也没有发出让她滚蛋的通知，反而，借出去的衣服都洗干净还回来了，也不再是她帮别人打饭、卷头发、送伞，相反，都是别人帮她打饭、卷头发、送伞。快一个月的时候，被她用花瓶砸过的校长邀请三毛去她的宿舍，两人一起吃点心、喝酒、聊天，和平了。

三毛用自己的方式，捍卫了自己的"外交"。

初遇荷西

陈嗣庆在《我家老二》中，描写了三毛在西班牙的生活：

三毛在西班牙做了三个月的哑巴、聋子，半年中的来信，不说辛酸。她拼命学语言了。半年之后，三毛进入了马德里大学，来信中追问初恋男友的消息……可见他们通信不勤。一年之后的那个女孩子，来信不一样了。她说，女生宿舍晚上西班牙男生"情歌队"来窗外唱歌，最后一首一定特别指明是给她的。她不见得旧情难忘，可是尚算初识时务……开始新天新地，交起朋友来。学业方面，她很少说，只说在研读中世纪神学家圣·多玛斯的著作。天晓得，以她那时的西班牙文化程度怎么能说出这种大话。后来她的来信内容对我们很遥远，她去念"现代诗""艺术史""西班牙文学""人文地理"……我猜想她的确在念，可是字里行间，又在坐咖啡馆、跳舞、搭便车旅行、听轻歌剧……这种蛛丝马迹她不明说，也许是以为不用功对不起父母。其实我对她懂得享受生命，内心暗喜。第二年，三毛跑到巴黎、慕尼黑、罗马、阿姆斯特丹……

西班牙的秋天，树叶尽落，冬天即将来临。在马德里，有一个男孩子，名叫 Jose Maria Quero。三毛把他的名字译为：荷西·马利安·葛罗。

荷西出生于西班牙南部的哈恩省，他的父亲叫以撒，母亲与圣母同名，叫玛利亚。以撒在故乡哈恩省安达露西亚有一大片橄榄树林，收入颇丰。玛利亚给以撒一共生了八个孩子，荷西排行老七，上有两哥四姐，下有一个妹妹。其中，二哥叫夏米叶，妹妹叫伊丝帖。

荷西生于 1949 年，按中国的属相，属兔。他在比利牛斯山麓呱呱落地的那年，在欧亚大陆的另一角，三毛正随着父母，渡过台湾海峡黛色的波涛，栖居在那个风雨飘摇的台湾岛上。那年，三毛四岁。和大多数西班牙家庭一样，以撒一家都是天主教徒。荷西和三毛相似，都在娘肚子里接受了父母的宗教。与三毛不同的是，荷西实在不是一个虔诚的天主教徒。每天晚餐之后，以撒都会聚集家人，拿起玫瑰念珠背诵，每当这个时候，荷西总是设法逃得越远越好。

荷西不是那种成绩优秀的学生。从小学到高中，成绩册上每年都有不及格的记录，每年都得补考。他不笨，只是不是一个用功的学生，但也说不上有多聪明。以撒教子很严，而且悭吝。小学生荷西练习本用完了，找以撒要钱买新的，常常要看父亲的脸色。三毛做小学生的时候，练习本也用得很快，用得快的目的是为了拿旧本子换小贩一包橄榄。以撒父亲有大片大片的橄榄树，却不愿意用它们换儿子的练习本。

父亲管得严，上面六个哥姐也有指使他的权力。八个孩子，荷西分不到太多父母的爱，何况荷西本身又不是一个乖巧讨好的孩子。这个缺少爱的男孩子，十三岁就开始梦想爱情。三毛在十三岁的时候，渴望嫁给西班牙的伟大画家毕加索。而荷西的愿望却很普通，他在十三岁生日的晚上，许愿要娶一个日本姑娘做妻子。黑头发黑眼睛的东方少女，使这位西班牙少年想入非非。

荷西的性格属于他的祖国西班牙，粗犷而温和。三毛说，他的名字本应该译为"和曦"，和祥的和，晨曦的曦，因为他就是那样一个人。可是荷西和三毛一个脾气，不爱用笔画复杂的名字。他觉得"曦"字实在太难写了，三毛没法，只好迁就，叫他"荷西"。

荷西在他的祖国是一位没有名气的工程师。但是，在他妻子的故乡——中国，却家喻户晓，很受爱戴。这是因为，他是妻子三毛众多风靡的文学作品中的男主人公，而且被写成一个诚实淳朴的平野大汉。

荷西不懂中文，他经常极为骄傲地对别人说，他的妻子是一位了不起的作家。他读不懂她的作品，也不知道妻子在作品中写了些什么，但那种骄傲经常浮现在脸上。

三毛到西班牙不久，就迎来了圣诞节。这是天主教徒和基督教徒共同的节日。

按西班牙风俗，十二点的钟声一过，楼上楼下、左邻右舍都走出来，像中国的大拜年似的，互相道贺，祝福平安。这一年的圣诞节，三毛是在一位中国朋友家里过的。午夜时分，朋友邻居们互祝干杯的时候，楼上跑下来一个祝平安的男孩。他就是荷西。三毛对荷西的第一印象：

我第一次看见他时，触电了一般，心想，世界上怎么会有这么英俊的男孩子？如果有一天可以作为他的妻子，在虚荣心，也该是一种满足了。

然而，三毛毕竟过了"以貌取人"的年龄了，"触电"过后也就罢了。毕竟年龄的悬殊实实在在地摆在那。荷西却不能。他一见钟情，爱上了这位黑头发黑眼睛的东方姑娘。三毛的中国朋友家，从此多了一位坠入情网的年轻客人。那一年，荷西还不到十八岁，一个高中三年级的学生。每当三毛到这里来，总少不了会遇见荷西。他们成了一对快乐的玩伴。

这幢公寓的后面，有一个很大的院子，他们常常在那里打棒球，或在下雪的日子里打雪仗。俩人骑一辆摩托车，甚至还在一块儿踢足球。荷西射点球，三毛充当守门员。

三毛玩得开心，笑得尽兴，心中没有爱情。

荷西的心中却燃烧着爱情，像一团燃烧的火焰。他再也不能满足于在朋友家里偶尔邂逅自己心爱的姑娘了。

本来就不太用功的他，再也无心学业。他开始逃学，每天的最后两节课，他总是偷偷溜出校门，跑去找三毛。

三毛清楚地记得，荷西第一次为她逃学的情形：

有一天我在书院宿舍里读书，我的西班牙朋友跑来告诉我："Echo，你的表弟来找你了。""表弟"在西班牙文里有嘲弄的意思，她们不断地叫着"表弟来啰！表弟来啰！"我觉得很奇怪，我并没有表弟，哪来的表弟在西班牙呢？于是我跑到阳台上去看，看到荷西那个孩子，手臂里抱了几本书，手中捏着一顶他戴的法国帽，紧张得好像要捏出水来。

荷西年纪小,不敢去会客室。三毛急忙下楼,看着树下的这个男孩。这时候,荷西从口袋里掏出十四块钱,邀请三毛去看电影。十四块钱实在不是一个大数目,它只能买两张电影票,看电影的车费却解决不了。男孩子很难为情地建议:可以走着去,走着回来。三毛不愿扫他的兴,但又不愿意为一场电影走那么长的路。她便提议在附近的影院看一场,荷西高兴地同意了。

三毛还常常被荷西邀去逛旧货市场。他俩都囊中羞涩,有时只能买一支彩色的羽毛回来。没有钱的日子太尴尬。后来,他们干脆淘起垃圾来。幸好,三毛是一个热爱拾荒的姑娘。

可怕的是,"表弟"逃学逃出了甜头。第二天,第三天,第四天,宿舍里天天都能听到"表弟来啰,表弟来啰"的叫声。

三毛感到有点不对劲了。

炽热的爱情,使年轻的荷西失去了耐心。他开始向三毛求婚。他的愿望是,拥有一幢小小的公寓,他在外面挣钱,让太太在家里做饭给他吃。荷西的计划很理想:他恳求三毛等他六年,四年大学,两年兵役,之后就把她娶过来。

荷西的小安乐窝理想,也正是三毛在台北初恋时的梦想。然而,她的梦是属于那个叫梁光明的才子的,不是眼前这位纯情的西班牙少年的。不能再让这个男孩子单恋下去了。三毛下了狠心,决定分手。分手的一幕,催人泪下,正如古人所说的:多情自古伤离别。

突然有一股要流泪的冲动,我跟他说:"荷西,你才十八岁,我比你大得多,希望你不要再做这个梦了。从今天起,不要再来找我，因为六年的时间实在太长了，我不知道我会去哪里，我不会等你六年。你要听我的话，不可以来缠我！"他愣了一下，问："这阵子来，我是不是做错了什么？"

我说："你没有做错什么，我跟你讲这些话，是因为你实在太好了，我不愿意再跟你交往下去。"接着我站起来，他也跟着站起来，一齐走到马德里皇宫的一个公园里，公园里有个小坡，我跟他说："我站在这里看你走，而且你要听我的话，永远不可以再回来了。"他说："我站在这里看你走好了。"

我说："不！不！不！我站在这里看你走，而且你要听我的话，永远不可以再回来了。"他就说："好吧！我不会再来缠你，你也不要把我当作一个小孩子，你说'你不要再来缠我了'，我心里也想过，除非你自己愿意，我永远不会来缠你。"

讲完那段话，天已经很晚了，他开始慢慢地跑起来，一面跑一面回头，脸上还挂着笑，口中喊说："Echo，再见！Echo，再见！"我站在那里看他。马德里是很少下雪的，但就在那个夜里，天下起雪来。荷西在那大片草坡上跑着，一手挥着法国帽，仍然频频回头。我站在那里看荷西渐渐地消失在黑茫茫的夜色与皑皑的雪花里，那时我几乎忍不住喊叫起来："荷西！你回来吧！"可是我没说。

为了斩断情丝，灭了荷西的念头，三毛很快交上了新的男朋友。荷西在路上，常常会碰见他们肩挨肩地一块儿走。荷西心里不好受，但表现不俗。按照西班牙的礼节，他总是礼貌地握住三毛的手，吻她的脸。然后，很绅士地与她的男友握一握手。荷西重诺，没有再来缠三毛。

第五章　山有木兮木有枝

　　因为平淡,我们的爱情有时会游离原本温馨的港湾;因为好奇,我们的行程会在某个十字路口不经意的拐弯,就在你欲转身的刹那,你会听见身后有爱情在低声地哭泣。

恋爱多幕剧

西班牙注定是三毛的福地,自从和荷西分手后,她又经历了许多次恋情,她的爱情之花一次又一次绽放着。

在马德里,三毛遇到了和她同班的一个日本男同学,他家在西班牙开了一家最高档的日本餐馆。这位男同学随即向三毛展开了狂风暴雨般的爱情攻势,他买了很多的鲜花和礼物送给三毛。那段时间,三毛沉浸在无尽的爱恋和被追求之中,可三毛心里清楚,她没有对这位日本男同学动心。只是想享受这一切,直到那位男同学买了一辆崭新的汽车送给三毛时,她才猛然惊醒。

先失去梁光明,再和荷西分手,三毛的确渴望有一份浪漫的爱情,来填补内心的伤害。然而她清楚地知道她不爱也不可能爱这位日本男同学,而且她发现自己已经很难再爱上一个人了。梁光明是一个意外,可惜最终还是失去了。

三毛宿舍的女同学,还有她的朋友们都说应该嫁给这个日本男同学,说:"嫁,嫁。这买你的人不嫁,难道让他跑了?"可三毛本身就不是那种能为了金钱而委屈自己的人。

这位日本男同学自认不会轻易得到三毛的心,或许因为拿了他太多的东西,以至于三毛内心一直无比痛苦地挣扎着,不能直率地拒绝,急得哭了起来。那位可怜的追求者,自以为做错了事情,手足无措起来,连声说"不嫁没关系""不嫁没关系",急匆匆地打消了求婚的念头。

这段恋情就这样匆匆结束了。

为了躲避这位日本男同学,三毛很快就接受了一位德国男同学的花。为此,日本男同学伤心了很久很久,别的同学都来找三毛,让她去劝劝这位日本男同学。三毛自知理亏,可就是不肯去,只是躲在窗帘后面看着楼下日本男同学的身影,心里默默地用日语说着:"对不起,对不起。"

毕业在即,三毛决定到男友故乡德国继续进修学业。这位德国男友和荷西不同,他立志要当一名外交官,平时非常刻苦努力,他几乎所有的时间都在勤奋苦读,为自己的理想付出足够的努力。但是三毛不同,她不喜欢这种苦读中寂寞平淡的爱情,她追求浪漫,热衷于罗曼蒂克,时刻都需要热辣爱情的滋润。

在德国的日子对三毛来说有点枯燥和乏味:"我一天到晚就在念书,对德国的人和事,完全讲不出来。我认识的德国,就是上学的那几条路和几个博物馆、美术馆。"可三毛骨子里的浪漫和叛逆不允许她过这种单调的生活。

1969年冬天,三毛有一场考试成绩很不理想,这位德国男友就此狠狠责备了她一顿,三毛一气之下选择了逃学。她把书包埋藏到雪里,到东柏林办理签证,准备穿过东德到朋友家过圣诞节。当她来到柏林墙边的时候,因为持有的护照有问题,签证被拒绝。这时,一位不期而遇的德国军官刚好经过,他英俊潇洒,温柔和善。他亲切地询问她,是否遇到不顺心的事情,是否需要帮助。了解情况后，这位德国军官帮助三毛办理了临时签证、拍快照、出关等一系列的手续。短短的时间，这位德国军官已经深深地迷恋上了三毛。而三毛也在心底泛起了少女特有的羞涩。然而一切都太匆忙、太短暂了，仿佛不曾有过一样，好似幻觉一般。大约此生是不能相见了。

当三毛回西柏林的时候，需要从另外一个方向过关。弯弯曲曲的道路上，三毛走过了一道又一道关卡，不知过了多久，出口处，赫然站着一个人，他是来接三毛的，就是那个三毛以为此生再也不能相见的德国军官。他在抽烟，看到三毛来了，掐掉烟头，大步走向她。

三毛这次仔细地看着他：年轻英俊、潇洒温柔，有着军人的坚毅和笔挺，不乏成年男子的成熟和稳重，更重要的是，这位军官有一双仿若星辰一般的眼睛，摄人心魄，耐人寻味。三毛就此也沉沉地坠落其中。

"来，这边走，我带你走。从这里上车，坐到第五站下车，然后进入地下，再出来，你就回到西柏林了。"这位德国军官一路护送三毛过关，来到车站。一路上经过的军人，都向他敬礼，但是三毛只是沉浸其中，分不清他肩上的星。

无尽的温柔和呵护，默契地相拥相扶，似若深爱彼此的情侣不得不分别一般，恬静温馨，甜蜜美好。天气很冷，夜色很黑，风吹过空旷的站台，一班一班的列车夹杂着笛声一去不返。车站——离别、相聚之地，也是创造无数男女爱情传奇故事的地方。这一次，它成就了三毛那短暂而又刻骨铭心的童话。

此时的三毛无尽地挣扎和摇摆，这种貌似一见钟情可又无法肯定可以托付的情感令她痛苦不堪。

三毛没有上车，他也不忍离去，就这样对着、僵着。寒冷中，他们彼此不停地抖着。风在站台里胡乱地吹着，吹翻了三毛秀美的长发，他伸手轻拂了一下，将遮住的眼光再度与他缠绕在一起。不想活了，反正是不想活了，三毛在心里不断地呐喊着……

　　"已经是最后一班了，你上。"德国军官高喊着。三毛觉得自己一定要说点什么，但是却不知道说什么好。他推了她一把，她哽咽了，那种不舍的离别，发自心底的哽咽，他再次推了她一把。忽然，三毛歇斯底里地大叫着："跟我走吧——""不可能，我有父母，快上！""我要再留一天！请你、请你，让我再留一天。"三毛伸手拉住了他的袖子，"啊！让我死了吧，反正什么都没有，西柏林对我又没有意义。"三毛心底还在不断地嘶喊着。

　　最终怎么上的车，三毛已经记不清了，依稀记得自己是被吊在列车踏脚板外急速地被带离的。直到列车拐弯的时候，三毛还沉浸在对那位德国军官的迷恋中。三毛曾这样描述："那双眼睛里仿佛有一种似曾相识，而又说不清道不明，却又真实地感受到似乎冥冥中注定有着不同寻常关系的迷和痛……它似一把弯刀，不停地割，不停地割……"

　　三毛回到西柏林后，病倒了……

　　这次谜一样的邂逅，注定了不会开花结果，然而在三毛心里却珍藏了一生一世。她的心就这样飘向了那位德国军官，尽管后来未曾再见，但却始终思念。后来三毛回忆说，生病时，她总是将头抵住窗口不说话，同病房的一位老太太为了逗她说话，指着窗外说："你看，那边直着过去，就可以到达围墙，墙的后面是东柏林，你去过那个城市吗？"

三毛去过那个城市吗？那仿若幻觉一般的美好经历是真实的吗？

是的，她去过，并且把自己最喜欢、最不舍的玫瑰留在了那一边。

由于这次传奇的经历，三毛对现任的德国男友越发疏远了。

那位德国男友终于如愿以偿地成了一名外交官。那一日，他拉着三毛的手，宛如即将成亲的小夫妻一般来到百货公司购买结婚用品。当这位德国男友询问三毛："是否可以买一条双人床单？"三毛沉默了。几个小时后，三毛终于开口说："不要。"短短两个字，终结了一段美好的爱情。

再后来，德国男友送三毛上飞机，她要去美国了。上机前，德国男友拉着三毛的手，说："等我做了领事，嫁给我好不好？我可以等。"可惜，三毛只是用沉默回答了他。

之后，那位德国外交官痴痴等待了三毛二十年，终未如愿。

不是每段爱情都会有结果，不是每朵鲜花都能结出鲜美多汁的果实，之后只能说"对不起"，说"抱歉"，说"祝你幸福"，说……能说出来的都不是理由，至少不是真正的理由。或许因为还未从对那位德国军官的迷恋中醒来，或许还未走出对日本男友的内疚，或许还在考虑到了荷西六年之约，或许还在爱着梁光明……总之，三毛没有准备好，还不够爱。没有春风吹来，有些花儿，就是不肯开。

忽然间，想到一句话——一见三毛误终身。

辗转回台

1971年,三毛离开马德里去了美国,并在美国芝加哥城的伊利诺伊大学申请到了一个主修陶瓷的学习机会。并且,这位生命能力极强的女子,还在这所大学法律系的图书馆找到了一份兼职工作。

三毛这样一位美丽而又极富天分的女子,在台湾屡屡受挫——小学遇到残酷严苛的老师,大学遭遇一份伤心欲绝的恋情。可是离开台湾,远在异国他乡,三毛却犹如鱼回大海一般,爱情如百花争艳般绽放,追求者如影随形般蜂拥而至。

三毛在伊利诺大学法律系图书馆负责英、法、美图书的分类。上班第一天,三毛就闹出了笑话,她在两百本书页上盖的日期图章居然是:10月36日。几乎轰动全校。事情很快就传到堂哥的耳朵里。

早在三毛来美国前,堂哥就担心她。恰巧,三毛堂哥的一位好朋友也在伊利诺伊大学攻读化学博士,于是将三毛托付给了这位好朋友,要他好好照顾这个孤零零的小堂妹。

三毛这样的女子,但凡交往的男子都会情不自禁地爱上她,何况这位受了堂兄嘱托的好朋友。原本只是一件极为简单的事情，照顾的时间长了，总是会迸发出异样火花。人——富有情感的动物，总是要发生故事的。

渐渐地，这位博士对三毛的感情逐渐发生了变化，他不再把她当成小妹妹般照顾，而是以一种爱恋的心情去照顾她，关怀她。每日中午，他都会准时为三毛送来午餐：一块营养丰富的三明治，一个煮鸡蛋，一个水果，然后用纸袋封装整齐送到三毛面前。这样简单的事情，美好而又温馨，如果长此坚持下去，他或许真的能得到期望的爱情。然而，很多事情没有如果。那一天，这位博士如期而至，这次他仿佛鼓足了千倍的勇气，温柔地问三毛："现在我照顾你，等以后，你愿意为我和我们的孩子下厨煮饭吗？"

一刹那，三毛明白了博士的意思。这一次，博士用了委婉而不失郑重的语言向她求婚了。这个北美的国度里，三毛再次陷入了爱和婚姻的包围中。博士温文尔雅，他没有荷西的直爽，也没有日本男友那样的鲜花和礼物，不如德国军官那样坚挺和威武，仿佛也没有那位外交官的理想，而博士对三毛的爱，如丝丝细雨般悄无声息地飘来，温润着三毛的心灵，希望有朝一日可以润泽渗透，水到渠成。

但是，爱与不爱，嫁与不嫁，本就是命中注定。彼此双方一眼望去，心已一目了然。眼前这位博士，是三毛依依等候的人吗？是要和三毛携手到老的人吗？不是。三毛非常清楚，眼前的男人，有学识，有文化，是个优秀的男人，但他于自己，不适合。没有对与错，没有爱与不爱，仅仅是不适合。

三毛的堂哥获知此事后，积极地当起了红娘，扮演了推波助澜的角色，不断地向三毛诉说朋友的好，仿佛博士是天底下最好的男人一般。

然而，三毛不会因为这个人有多好就会委身相嫁的，她是一个活在浪漫中的女人，她结婚的唯一理由就是爱情。因为只有爱情，才能让三毛甘愿牺牲一切，只有爱情，才能让三毛放弃矜持和含蓄，轰轰烈烈地去追求，彻彻底底地投入，哪怕以身殉情也会在所不惜。

博士很优秀，甚至比梁光明优秀，然而，三毛并不爱博士，没有理由，她就是不喜欢，多好都不喜欢。

世界上的女人有很多种，要打动那些喜欢金钱和名利、追求舒适生活、被人关怀照顾的女人，是十分容易的。生活中这样的"俗人"比比皆是，我亦如此。但是要想得到一位爱情至上的女人的真心，却是难上加难。因为无论富有和贫穷，健康和疾病，都无法改变她对爱情的向往和憧憬。

可惜，三毛就是这样的女子。

有一天，三毛对博士说，以后不必再来照顾她了，因为三毛要回台湾去了。这位可怜的博士怔怔无语，黯然神伤。惜别的日子终于到了，博士送三毛去机场。三毛的飞机需要从芝加哥飞到纽约，然后转机到台北。

机场的风很凉，博士的心也很凉，三毛的心应该也很凉吧，不然她就不会沉默不语了。博士再次鼓起勇气做最后的争取："我们结婚好吗？你先回去，我放假后就回台湾。"三毛沉默不语，只是温柔地为博士整理了一下大衣领子，然后默默转身，离开了。

三毛就这样离开了，离开了美国，留下了一个求爱不得的悲伤之人。三毛和博士之间，可能只能是这样了。

Echo，又见你慢吞吞地下了深夜的飞机，闲闲地跨进自己的国门，步步从容地推着行李车，开开心心地环住总是又在喜极而泣的妈妈，我不禁因为你的神态安然，突而生出了一丝陌生的沧桑。

深夜的机场下着小雨，而你的笑声那么清脆，你将手掌圈成喇叭，在风里喊着弟弟的小名，追着他的车子跑了几步，自己一抬就抬起了大箱子，丢进了行李厢。那个箱子里呀，仍是带来带去的旧衣服，你却说："好多衣服哇！够穿整整一年了！"

便是这句话吧，说起来都是满满的喜悦。

好孩子，你变了。这份安稳明亮，叫人不能认识。

辗转，辗转……

三毛最终回到了台北。

半途新娘

三毛一回家放下行李，便向父母"讨债"："来看，拿出来给看看，我的项圈——"原来，在美国的时候，父母去泰国游玩，三毛托父母给她代买项圈。妈妈搞不清楚她想要什么样子的，于是一遍一遍地打电话给三毛，一遍一遍地问，那边三毛一遍一遍地回，好不容易才买到的。母亲转身去找项圈，父亲一边笑着一边无奈地摇头："本来是很便宜买来的东西，给你们两个长途电话打来打去，价格当然跟着乱涨，现在算算，这个电话费，在台北可以买上十个了……"

海外漂泊了五年，三毛终于回到了父母身边，这让她的父母欣喜不已。五年的漂泊中，三毛虽未收获到一桩理想的婚姻，但是这样的生活让三毛熟练地掌握了英语、德语和西班牙语。要强的三毛很快就找到了一份工作，在阳明山上教书，任职于文化学院、政工干校，教授德语。

三毛的变化让父母感到非常的欣慰。他们发现女儿已经不再是那个自闭得只会待在阁楼里的少女了，她长大了，学有所成，变成了一个非常美丽的大姑娘。父母多年的心血总算没有白费。

归来的女儿喜欢上了网球,这和父亲陈嗣庆的心愿——希望子女成为体育明星——更近了一步,这对夫妇再次看到了实现心愿的曙光。

陈嗣庆的情绪因为三毛喜欢网球而异常高涨,为此,他专门为三毛置办了一整套的装备——球衣、球拍、运动鞋等,并专门为她买了一辆脚踏车,之后屁颠屁颠地陪着三毛在网球场上拼起了球技。这样的场面如此温馨和幸福,让人不忍打扰。

可惜,三毛并不想成为体育明星,她只是喜欢网球这项运动,从不在意胜败。这最终击碎了父亲陈嗣庆的心愿。

追求浪漫爱情的三毛,注定会不停地邂逅爱情故事。

回到台北的三毛,一如离开前一样,每日必到明星咖啡馆小坐。

明星咖啡馆历史悠久。1917年,俄国爆发十月革命,几个逃亡的俄国人流落到上海,辗转定居下来,为了生计,他们合伙开了一个面包厂。再后来,他们一起来到台北,并开了这家明星咖啡馆。经过仅二十年的经营,至20世纪70年代,明星咖啡馆已经成了台北的文化地标,负有盛名,吸引了众多的文人墨客在此聚会,纵论古今。也就是在这里,三毛和梁光明留下了美好的记忆,他们时常到咖啡馆一坐就是半天,聊天,看风景,谈风花雪月……而此刻,人生似乎产生了幻觉。那咖啡,那人,那景……如此之美,美得让人不敢相信。

这一日,她正在品尝咖啡,无意中遇到了他。乍看之下,三毛有一种恍如前世有约的人。其实不是,这也是三毛后来才知道的。

他孤坐于角落,一言不发,长发,清瘦,落寞的神情,迷茫的眼神。三毛忽然感觉到一阵的心痛，是为他的落魄，还是同为天涯沦落人的共鸣？后来，三毛和他攀谈，得知他是一位画家。天啊，不会如此巧合吧？三毛少女时代一直都沉迷于毕加索，以至于对所有的画家都有一种不由自主的敬佩。

而如今碰到他，穿着一件T恤，胸前有一片乱糟糟的、色彩浓淡不一的图案，这让人感觉他更像是一位抽象派的画家。是的，种种的巧合、偶然，让三毛对他产生了兴趣，不知是对毕加索的敬仰还是来自对他的可怜，三毛居然和他聊了很久，聊了很多……

后来，三毛去了他的画室，看到了他的作品，每一幅仿佛都是为三毛量身定制一般，令她喜爱不已。尽管他的任何一件作品都不能称得上是伟大的艺术品，然而在三毛看来，他真的太有才了。三毛被他的才气深深地吸引了……

然而不管这位画家是否有真才实学，他着实算不上是一个好男人，甚至可以说他是一个坏男人。他不爱三毛，或者说他对三毛没有情感上的爱和喜欢，有的只是男人性欲、占有欲的生理反应。这或许和三毛的魅力有关。

因为三毛是迷人的。她一头乌黑的长发，波西米亚长裙，深邃而惹人喜欢的五官，纵然不是那种惊艳之美，也处处散发出诱人的大气之美。她清秀，淡雅，卓尔不群的气质，犹如出淤泥而不染，濯清涟而不妖的白莲。这样的她几乎可以击破任何男人仅存的三分理智，继而生发出并不持久的动物本能——性的征服欲。也正因为如此，三毛才会在男人求婚时犹豫，才会拒绝。

画家亦是如此，只是，他是有计划、有预谋地如此做。所以，这位画家应该被归为流氓一类。

他们的关系飞速发展。后来，这位心怀叵测的画家向三毛求婚了，阴差阳错，他居然得到了三毛的允诺。这对于荷西、日本男孩、德国外交官、德国军官，还有那位博士都有些不公平，他们都小心翼翼地倾尽全身心地追求过三毛，他们很优秀，却被三毛残忍拒绝了。而这位画家，这位堪称流氓的画家，却轻而易举地得到了三毛对婚姻的承诺。

这段婚姻最终没有成为现实，否则那些追求三毛的男人当会痛不欲生。但是，这次失败的婚姻，并不是三毛主动放弃的，而是在结婚前，她发现这位画家是有妇之夫，而他对她所诉说的爱慕和浪漫，皆是谎言，目的只有一个，就是得到三毛。

是的，三毛第一次下定决心走进婚姻的殿堂就被骗了，而且被骗得很惨，这让三毛感到无比的羞辱，以至于后来的生活，从不避讳个人情感经历的三毛唯独对此事绝口不提。

我们无奈苦笑，三毛有时候真像一个未长大的傻孩子一样。就如三毛自己所说："漂流过的人，在行为上应该有些长进，没想到又遇到感情重创，一次是阴沟里翻船，败得又要寻死。那几个月的日子，不是父母强拉着，总是不会回头了，现在回想起来，塞翁失马焉知非福，没有遗恨，只幸当时还是父母张开臂膀，替我挡住狂风暴雨。"一句阴沟里翻船，使我们不禁哑言，或许这就是爱情至上的悲哀吧。

不过这场闹剧一般的插曲结束后，三毛慢慢平息了自己的伤痛，终于开始了一次正常的恋爱。

因为三毛从国外回来后，喜欢上了网球，其父陈嗣庆经常陪同她到台北的网球场打球。在球场上，陈嗣庆和三毛认识了一位德国人，他在台北的一所大学教书。

这位德国教师身材高大，风流倜傥，为人也温文尔雅，彬彬有礼。自从认识了三毛后，对她倍加呵护。而且他的心思也极其细腻，不仅和三毛互相切磋球技，还帮助三毛解决一些教书上的难题。两人相处得温和平淡，融洽亲密。一切的一切看起来是那么美好和谐。在他们相处一年后，一个满是星辰的晚上，他问三毛："我们结婚好吗？"三毛说："好。"

也许是故乡给了三毛特有的安全感吧，回到台北的三毛很容易接受婚姻。确定婚姻大事后，他们一起到台北重庆南路一家文印店印刷结婚请柬。他们非常用心地甄选着，从字体、版式，到后面请柬的材质等，都费尽心思。最后，他们和文印店约定了半月后来取请柬。彼时的二人沉浸在婚前的喜悦中，仿若天底下最幸福的人一样。

然而，台北注定是三毛的伤心之地。就在结婚前几日，这个德国教师突然心脏病发作，猝死在三毛的怀里。

命运多舛会耗尽一个人的精气神，这次突如其来的变故，给了三毛当头一棒，令她摇摇欲坠。

得到，失去，再得到，再失去。短短一年的时间，三毛经历了被骗，爱情，快乐，痛苦，生死别离……

再次漂泊

德国教师去世后,三毛抑郁成病,她选择了以死亡来对抗上天对她的不公。三毛在家中吞食药剂自杀,幸运的是,她及时被发现,并抢救了回来。

这次半途夭亡的婚姻给了三毛刻骨铭心的记忆,然而三毛人如其文,潇洒,真实,毫不隐晦,直面虚伪。她比旁人,更多了一份坚强,一份淡然。她在自己的回忆里真实地描述了这位德国教师去世时的情景。

三毛说:"我不否认我爱过人,一个是我的初恋……另一个是我死去的朋友……因为他的死亡,他今天的价值就被我提升了。也许他并没有我认为的那么好,因为他死在我的怀里,使我有一种永远的印象。而他的死造成了永恒,所以这个是心理上的错觉。"

爱别离,恨离愁,三毛一贯如此,洒脱得让我们感觉不到一丝真实,这就是三毛,一个要强的女子,总会把伤痛深深隐藏,她一贯如此。

美丽的宝岛台湾,美丽的台北,令无数的人心神向往。这里风景宜人,然而,如此漂亮的地方却和三毛"八字相克",仿佛很不欢迎她一样。

一日,三毛的一位西班牙朋友到台北来探望她,闲谈中他们说起了荷西。

他说:"三毛,你还记得西班牙吗?还记得有一个叫荷西的人吗?他托我给你带来一封信,并且告诉我说,如果 Echo 已经忘记了他,就不要把信给她看了。"

三毛淡然一笑,她当然记得西班牙,记得那个阳光羞涩的大男孩,也记得他的痴情和执着。于是,三毛接过来他的信,拆开后,从里面取出一张照片。是的,这张照片——一个健壮的男子,大胡子,身着泳裤,在海滩上捉鱼,身后是一望无际的碧蓝的大海——是荷西。当年那个一脸羞涩腼腆,紧张地捏着法国帽的少年已经长大了。

三毛拿着照片若有所思地仔细地端详着,突然说道:"他很像希腊神话里的海神嘛!"荷西在信上说:"Echo,过了这么多年,你是否还记得西班牙文?今日,我要告诉你一个秘密,在我十八岁那个下雪的晚上,你告诉我,你不再见我了,你可知道那个少年伏枕流了一夜的泪,甚至想到了自杀。这么多年来,你是否还记得我?是否还记得和我的六年之约?"

是的,荷西很痴情,很专一。他真是一个痴情的海神。

然而三毛似乎并没有在意,她对六年之约根本就没有当回事,因为她认为这是荷西单方面的约定。而荷西,却如痴情的海神一般守望着这个约定。

可惜 Echo 这位森林女孩对这位海神并没有丝毫的动心。她把信漫不经心地放在一旁。因为在三毛看来,那个六年之约对她没有丝毫约束力，她也从来没有遵守过。

三毛辗转流浪了六年，在她看来她从未爱过荷西，然而在冥冥中月老已经用红线把他们两个牵在了一起……

荷西，我回来了

在台湾给了她潮水般的伤害后，三毛最终决定离开。1972年，三毛二十九岁，冬季里她重返西班牙马德里。

三毛这次因为机票问题需要从英国转机，结果她被当成了偷渡者，坐了班房。

三毛一生可谓经历丰富，她自闭，抑郁，自杀未遂，功成名就，被众多优秀的男士追求，被有妇之夫欺骗感情，婚前未婚夫猝死在她怀里……任何一次经历都可以写成一部精彩的小说。现在她又增加了一个特殊的经历——班房。

三毛不肯受辱，她在班房中大喊冤枉，折腾得整个班房都不得安宁，最终，警局查明真相，释放了她。

三毛或许真的八字有问题吧！这个在故乡处处碰壁的女子，当她再次踏上西班牙马德里这方土地时，仿若大福神附体一般，整个人都兴奋了起来。在这里，她感受到的只有自由、快乐和幸福，得到了无尽的欣赏和赞美。

到达马德里后，三毛与三位西班牙女子合租一处。房间宽敞明亮，三个合租人也都性情开朗，为人直爽，与三毛相处得非常融洽。昔日里那些三毛的好友得知她的到来也纷纷赶来相会。三毛很快就找到了一份工作，在一所小学担任英语教师，薪水四千台币。尽管她收入不高，但是却很快乐。同时，三毛也开始给《实业世界》撰稿。

三毛从来都不是一个物质女，以前不是，现在不是，以后更不是。后来，她和荷西到撒哈拉沙漠生活就已经证明了这一点。她是一只自由飞翔的蝴蝶，快乐地生活在自己的精神世界里。到达马德里后不久，三毛受伤的心灵慢慢平复，心中的症结也慢慢消失。此时的三毛在异国他乡感受到了不一样的平静和安逸。她喜欢这样的生活。

与此同时，那位痴情的海神荷西正在军营服役，距离役满还有一个月，他不知道三毛回到了马德里。

有一日，三毛去拜访她的义父徐訏先生，碰巧遇上了一位妙龄的西班牙女子，三毛对她并未在意，直到这位女子惊讶地叫着"Echo"。三毛仔细一看，原来这位少女是荷西的妹妹伊斯蒂。六年不见，伊斯蒂出落成大姑娘了。

伊斯蒂非常兴奋地向三毛介绍起哥哥荷西的近况，她说哥哥还在服兵役，大概一个月后就能回来了，而且哥哥非常想念三毛，多年来从未忘记过和三毛的约定。她宛如三毛小妹一般缠着她，让她给荷西写封信聊以慰藉。

三毛推托自己忘记西班牙文了，而小妹伊斯蒂却说可以代替她写。出于无奈，三毛拿起笔用英文写了短短的一句话：

"荷西,我回来了!"

短短一句话,足以说明一切。中国古语"一字千金""家书抵万金"或许就是这样的吧。一句"我回来了",流露出三毛对马德里的爱和留恋。她已经把马德里当成"故乡",当成"家"了。

三毛和荷西之间可谓有缘千里一线牵,而荷西之于三毛更似心灵的救赎者。

六年前,梁光明离去,三毛带着悲痛和伤心踏上马德里这块异国他乡的土地。在这里,她首次遇到了热情活泼、阳光快乐的荷西,荷西与三毛成了好朋友,并让她暂时忘记了悲伤。然而,三毛终没能摆脱对梁光明的爱恋,她残酷地拒绝了荷西。之后才有这单方面的六年之约。

六年后,未婚夫猝死,三毛再次踏上了马德里这块异国他乡的土地,这次她只有一颗支离破碎的心。那句"荷西,我回来了"似乎在诉说着三毛内心对荷西的企盼。在她平淡的外表下,或许早已心属荷西了吧。

真的,在这个世界上,很难再找到一个男人,为了等待一个女人而耗费六年时光。荷西做到了。六年里,他无视身旁任何一个女子,痴痴地等待着,守望着,坚持着……这样的事情,仿若童话故事一般,令人心碎。

三毛的信很快就送到荷西手里,他如获至宝,欣喜若狂。可惜,荷西不认识英文,他找遍了整个营地,都不清楚三毛信里写的是什么。也许三毛是有意这样做的。她太残忍了,她对荷西太残忍了。三毛这个纯粹为了爱情而活着的女人，对荷西只是一味地伤害、冷酷。她可以轻易地接受一个骗子的"爱情"，甚至将心许给那位短暂邂逅的德国军官，但对荷西，她仿佛退缩了，踟蹰了。她似乎要放任荷西对她的爱，或者是有意冷落这段美好的爱情，任其自生自灭。

但是荷西是谁？他是痴情的海神，他爱上了三毛，尽管备受折磨，但还是义无反顾地爱上了她。他为了三毛甘愿放弃一切，他喜欢海洋，但却甘愿陪同三毛前往撒哈拉沙漠，在那里共筑爱巢。这或者就是爱情的力量吧。这或者就是在众多的三毛追求者中，荷西可以最终抱得美人归，把三毛娶回家的秘密吧。

这封类似英文书写的家信，最终也没有人看懂。但是对于执着的荷西来说，这只是他追求三毛道路上的一个小插曲，不影响他们最终的结局。荷西虽然不懂信件的内容，但是他不能放弃这样一个好机会。他根据自己的想法，找来很多的漫画，精心地贴在信纸上，并用笔勾上一个漫画小人，批注上他的名字——荷西。随即，荷西把信件投递到邮筒中。接着，荷西又打了一个长途电话给三毛。当三毛接起电话的时候，荷西几乎要欢呼了，他告诉三毛这个月的二十三日他就会回到马德里看她。可惜三毛只是冷淡地应承着。放下电话后，三毛就忘记荷西刚才说的话了。

二十三日到了，荷西风尘仆仆地赶到了马德里，然后急匆匆打电话给三毛，然而却没有人接。其实，三毛并非有意不接他的电话，而是她早就把这件事情给忘记了。那一天，她陪同同伴出去玩了，直到日落西山才回来。

三毛回到合租屋后，同屋的女友告诉他，今天有一个男人给她打了十八个电话，好像有什么大事一样，非常着急。此时的三毛，只顾得劳累，根本无暇考虑电话的事情，甚至在她冥思苦想后也未能想起来这位男人究竟是谁。她把荷西忘到脑后了。

这时，一个电话打来，是三毛的一位要好的女朋友，她告诉三毛有一件急事找她，要求她立刻打车到女朋友家来。三毛仍然在混沌之中，她不假思索地赶到了女朋友家里。然而，女友却神秘兮兮地将她引进客厅，让她坐下，并提出让她闭上眼睛。三毛认为女友一定是要搞什么恶作剧。为了揭穿女友的把戏，三毛遵照要求轻轻地闭上眼睛，心里还在思索着可能要发生的事情。

随后，发生了三毛一生都不能忘记的一幕，三毛曾经是这样描述的：

当我闭着眼时……突然，背面一双手臂将我拥抱起来，我打了一个寒战，眼睛一张开就看到了荷西站在我面前，我兴奋地尖叫起来，那天我正巧穿着一条曳地长裙，他穿的一件枣红色的套头毛衣。他揽着我兜圈子，我嚷叫着不停地撞打他，又忍不住捧住他的脸亲他。站在客厅外的人，都开怀地大笑着，因为大家都知道，我和荷西虽不是男女朋友，感情却好得很。

六年过去了，荷西和三毛终于又见面了。六年里，三毛经历了一次又一次的爱情，但都失败了。而荷西只做了一件事情，那就是等待三毛。

在三毛和荷西再次相会后，他们重新开始了一段崭新的恋情。当时，三毛还在为《实业世界》撰稿来赚取零花钱。有一日，三毛和荷西在公园散步，那是一个冬天的早晨，有很多园丁正在高高的树枝上锯树。然而三毛却有些心不在焉，因为她正在为交不了稿而发愁。攀谈中，荷西说："我觉得那些被关在'方盒子'里办公、对着数字的人是天底下最可怜的。如果让我选择，我宁愿希望自己做一个园丁也不希望在银行上班。"

三毛被荷西的理论折服了，她匆匆回到家里，给编辑部写了一封信："对不起，不干了。"

是的，此时的三毛发现，荷西已经长大了，不再是那个调皮的高中生，他有了自己的人生观和处世哲学，有了自己独到的见解，而三毛发现自己喜欢荷西的哲学。

这次小小的生活插曲，让三毛和荷西的关系有了质的飞跃。六年的等待终于开花结果了。

荷西对三毛，正如辛波丝卡那首《一见钟情》一样：

他们彼此深信
是刹那间迸发的热情让他们相遇。
这样的确定是美丽的，
但变幻无常更为美丽，

他们素未谋面，
他们之间不应有任何瓜葛。

也许在街道、楼梯和过道上，
他们可能早就曾擦身而过。

好想问问他们，
是否记得——也许在旋转门里，
他们曾碰在一起？
也许在拥挤的人群中，说过"对不起"！
或者在电话筒里短促的一声"打错了"。
不过我知道他们会回答：
不，不记得有过这样的事情！

他们非常诧异，
在相当长的一个时间里，
他们遇到的尽是机遇。
他们还没有完全准备好把命运彼此交换。
他们时聚时散，
命运常出现在他们的路上，
忍住对他们的窃笑，
然后又跳开到路旁。

确曾有过痕迹和记号，
尽管他们并不知晓。
也许是在三年以前，

或者就在上星期二,
有一片树叶从这个人肩上落到另一个人的肩上,
或许是一件失而复得的东西,
说不定就是灌木丛中童年时玩过的一只皮球,
或许是某一个地方的门把和门铃。

他们曾经都触摸过,
或许他们的箱子曾一起放在寄存处,
或许在同一个晚上,
他们曾做过同样的梦,
惊醒之后便无影无踪。
然而每一个开端都只是它的延续,
而那命运之书永远是半开半合。

　　一日,荷西要求三毛到他家里做客,并领她参观他的卧室。荷西的卧室里贴满了三毛的黑白照片,每一张都被放大了。当时正是黄昏时分,金黄色的夕阳照耀下,有一种说不出的美。

　　这些照片并不是三毛寄给他的。六年来,三毛从未给荷西邮寄过东西,甚至几乎要忘记荷西了。荷西告诉三毛,这些照片是荷西从三毛在马德里的好朋友那里偷来的。荷西说:"你寄给朋友的照片,都被放在相册里,我去他们家玩的时候,就偷偷地把照片拿出来,然后到照相馆翻版放大后,再把原来的照片偷偷放回原处。"

为了爱情，为了能得到三毛的照片寄托相思，荷西不惜做一个"偷盗者"。贴在墙上的照片已经发黄，三毛随手取下一张，只见墙壁露出一块白色的印记来。看来这张照片已经放了好多好多年了。

一瞬间，三毛冷酷残忍的心融化了。六年了，三毛交了一个又一个男朋友，他们有的痴情、有的温柔、有的古板，但是，有一个男人，固执地等待了她六年时间，六年里，她对他不闻不问，从不关心，可他，却用自己的方式默默地爱她，问世间有多少男人可以做到？

三毛猛地回头，问荷西："你是不是还想结婚？"三毛突然的变化让荷西惊呆了，他吃惊地望着三毛，良久无语。三毛继续说："你不是说要六年之约吗？我现在就站在你面前。"突然，三毛哽咽了，断断续续地说："不要了，还是不要了吧……"

荷西匆忙说："要，我想娶你。为什么不要呢？"

三毛突然泪如雨下，她哭泣着吼道："六年前你为什么不要我，如果你坚持，我一定会跟你走的，那时的我是一个完整的人。今天回来，我的心已经碎了，不完整了……"

"碎了的心可以用胶水黏起来。"

"黏过的心还是有缝隙的。"

荷西突然抓起三毛的手，按在自己胸膛，说："我这里还有一颗心，是黄金做的，你把它拿去，我们交换一下吧！"

这是世界上最动听的情话，没有绚烂的辞藻，没有豪言壮语，有的只是朴素、简单、发自内心的爱。

这是荷西的爱情，也是海神的宣言。这是三毛的爱情，也是女神的期盼。这样的爱情之于荷西是终成正果，之于三毛是生命中的瑰宝。这样的爱情也成了红尘中的美丽传说，人世间不朽的传奇。

这样的男人，三毛再不珍惜，她就真的是傻瓜了。

荷西，终娶得三毛归。

荷西对三毛的爱，使人想起了辛弃疾的《青玉案·元夕》："东风夜放花千树，更吹落，星如雨。宝马雕车香满路。凤箫声动，玉壶光转，一夜鱼龙舞。蛾儿雪柳黄金缕，笑语盈盈暗香去。众里寻他千百度，蓦然回首，那人却在，灯火阑珊处。"

三毛一次又一次的恋爱、分手、离开，而荷西，却一直在原地，等着自己长大，等着娶三毛为妻。

第六章　白首不相离

前世的乡愁铺展在眼前，黄沙万丈的布。当我被这天地玄黄牢牢捆住漂流的心，在这里慢慢，一同落尘。呼啸长空的风，卷去了不回的路，大地就这么交出了它的秘密。那时，沙漠便不再只是沙漠，沙漠化为一口水井，井里面，一双水的眼睛，荡出一抹微笑。

撒哈拉之梦

皑如山上雪,皎若云间月。闻君有两意,故来相决绝。
今日斗酒会,明旦沟水头。躞蹀御沟上,沟水东西流。
凄凄复凄凄,嫁娶不须啼。愿得一心人,白头不相离。
竹竿何袅袅,鱼尾何簁簁!男儿重意气,何用钱刀为。

细细品读这首《白头吟》,我想这世上,恐怕没有比荷西更爱三毛的人了。六年的经历,一颗几近破碎的心,换来了荷西的那颗金子般的心。他们终于牵手了,只是三毛并不急于结婚,因为她还有一个梦想未能实现。

那是一次偶然的机会,三毛无意间在一本美国出版的《国家地理杂志》上,翻阅到了一幅沙漠风情图。那篇文章,介绍了与西班牙只有一水之隔的撒哈拉沙漠。自那开始,三毛的心里便种下了这颗种子,她期待着有一天能到撒哈拉沙漠看看,她想成为第一个横穿撒哈拉沙漠的女探险家,这也是她不愿意马上结婚的原因。

我只看了一遍,我不能解释的,属于前世回忆似的乡愁,就莫名其妙、毫无保留地交给了那一片陌生的大地。

等我再回到西班牙来定居时,因为撒哈拉沙漠还有二十八万平方公里的地方,是西国的属地,我怀念渴望往它奔去的欲望就又一度的苦痛着我了。这种情怀,在我认识的人里面,几乎被他们视为一个笑话。我常常说,我要去沙漠走一趟,却没有人当我是在说真的。

也有比较了解我的朋友,他们又将我的向往沙漠,解释成看破红尘,自我放逐,一去不返也——这些都不是很正确的看法。好在,别人如何分析我,跟我本身是一点关系也没有的。

而荷西也有一个浪漫的愿望,与三毛刚好相反,他的愿望属于海洋。就像那天他一脸向往地和三毛说,计划要第二年和几个好友一同驾帆船航海旅行,然后再一直漂流去爱琴海潜水。他说这是他兵役服完后最想做的事情。

可是,三毛已经下定决心要去撒哈拉沙漠了。

记得多年前,三毛曾留给梁光明一道选择题——结婚,还是让三毛去西班牙留学。梁光明不假思索地选择了后者,徒留三毛一人伤心。现在,她又给荷西留了同样的选择题——与她一同去撒哈拉,或者分开,荷西去航海。

虽然三毛也清楚航海对于荷西的意义,就像沙漠对自己的吸引力一样。她也曾几次试探荷西的意思,却没有得到过正面的回应。三毛便不再问了,她觉得或许自己也能喜欢上海洋。然而,过了新年,荷西却突然失踪了,一点音讯都没有。正在三毛胡思乱想的时候,一封信翩然而至。一封来自撒哈拉沙漠的信。

荷西并不是梁光明,他爱三毛胜过爱自己。原来,1973年2月,荷西不声不响地来到了西属撒哈拉的首府——阿尤恩,并在城外一家磷矿公司从事工程工作,住在公司的单身宿舍,比三毛更早地到达了那里。他想先让自己稳定下来,收入也稳定了,再把三毛接过去。

三毛也理解荷西,不止一次地劝他,不要和自己一起承受沙漠的苦,但是荷西却表达了不容置疑的坚定:

我想得很清楚,要留住你在身边,只有跟你结婚,要不然我的心永远不能减去这份痛楚的感觉。我们夏天在沙漠结婚好吗?我在沙漠等着你。

的确,沙漠与海洋相比,简直一个是地狱,一个是天堂。这里烈日炎炎,灼热的阳光毫无遮挡,如箭一般刺在人的身上,灼得浑身疼痛。但荷西毫不后悔,对他来说,付出再多都值得。

三毛曾说过,她爱的男人,一定要有一颗流浪的心。所以,命运让她认识了荷西,让他们相爱,他那颗赤子之心只为三毛一个人流浪。

三毛出发去沙漠的前一天,和宿舍的姐妹们出游,那时三毛还借了别人的车。几个女孩子在深夜里飞驰在空旷的大街上,玩到三更半夜才回公寓,然后又在公寓里又笑又闹玩了半天,闹够了才回去睡觉。

第二天,大家都上班去了,三毛一个人收拾好行李,留下一封信,写着:"走了,结婚去了,珍重也不再见!"随信附上的,还有房租。就这样,三毛奔向了未知的沙漠。

撒哈拉沙漠是世界上最大的沙漠，撒哈拉沙漠属于西班牙的一部分面积约26.6万平方公里。这片仅有七万人的大漠，终年缺雨，黄沙漫漫。

我举目望去，无际的黄沙上有寂寞的大风呜咽地吹过，天，是高的，地是沉厚雄壮而安静的。

正是黄昏，落日将沙漠染成鲜艳的红色，凄艳恐怖。近乎初冬的气候，在原本期待着炎热烈日的心情，大地转化为一片诗意的苍凉。

当三毛下飞机的时候，撒哈拉沙漠正是黄昏。傍晚的落寞将苍凉的荒漠渲染得更加悲怆。三毛见到了分别三个月的荷西，他瘦了，头发、胡子上落着黄土，脸焦红，嘴唇干裂，牛仔裤脏得要命，双手也粗糙不堪。

三毛心里难过极了，她心中那个阳光、快乐的荷西，居然被荒漠折磨成了这个样子。可是荷西却毫不在意，他愿意这样做。

荷西扛着三毛带来的巨大的行李箱，和三毛并肩缓缓地走进沙漠。此时的三毛已经隐隐地感觉到未来的生活充满艰辛和萧疏。

"你的沙漠，现在你在它怀抱里了。"

三毛重重地点了一下头，哽咽了。从机场到荷西在沙漠租住的房子有不短的距离，加上沉重的行李，他们走得很慢。中途试着搭车，却没有人愿意载他们一程。大约走了四十分钟，眼前终于出现了一片生机。上了一处斜坡，三毛感觉脚下的路变得坚实了。

"你看,这就是阿尤恩城的外围,我们的家就在下面。"

三毛看到在离他们很远的地方,矗立着十几个破旧的帐篷,还有一些用铁皮搭建的小屋,成群的山羊和几只单峰骆驼来回走着,偶尔身旁会路过一些穿着深蓝色衣服的族人。三毛平生第一次见到这些,那感觉就像在梦里。

当遇到生命里对的那个人出现时,寂寥的感觉顿时一扫而光,生机和乐趣重新跳了出来。直到眼前出现了一条长街,四四方方的平房越来越多,离家近了。这时,三毛下意识地留意到并列的房屋最后那一幢小巧的、有着长圆形拱门的小屋,她对荷西说,那是她的家该多好。

果然,到了门前,荷西放下了沉重的行李箱,笑着站在屋子门前。

"到了,这就是我们的家。"

荷西打开门,一条阴暗的走廊出现在眼前,还在愣神的三毛,猛地被荷西抱起来,耳边传来荷西低沉的声音:"我们的第一个家,我抱你进去,从今以后你是我的太太了。"

新家走廊的顶上有一块四方形的大洞,这就是当地民居的特点。漠久旱无雨,不愁漏水。走廊的尽头是两间居室,稍大的一间临街,约二十平方米,小的那间只能放下一张大床。当然,家里是没有床的,沙漠里的树木就像冰山上的雪莲一样珍贵,荷西买不起。

厨房只有三四平方米大,有一个水泥砌的平台和一个污黄色裂了的水槽。浴室里有抽水马桶和洗脸池,但没有水箱。三毛打开水龙头,居然流出来几滴浓绿色的液体。唯一值得安慰的是,还有浴缸,而且是三毛钟情的那种浴缸。

让三毛颇为兴奋的，还有公用的天台以及荷西买来的一头母羊。荷西说，这样就能让三毛喝上鲜羊奶了。这个曾经的大男孩已经蜕变得如此细心，让人倍感温暖。

此外，高低不平的水泥地，空心砖砌的墙，由于没涂石灰，宽大的缝隙不时透着风。屋顶光秃秃地吊着一个很小的灯泡，电线上停满了密密麻麻的苍蝇……这恐怕是三毛住过的最简陋的房子了。

荷西有些心虚，怯怯地问三毛感觉怎样。三毛却高兴地告诉他：

"很好，我喜欢，真的，我们慢慢来布置。"

这个叫作阿尤恩的小镇，居民大多为撒哈拉威人，所谓的镇上便是指市政府。那里有法院、银行、商铺、酒店、邮局和电影院，荷西工作的公司总部也在那里。而与镇上相对的，就是镇外，也就是三毛和荷西居住的地方，比较荒凉。

搬到新家的当天，他们就迫不及待地去了镇上添置家当。一路上，三毛都紧紧地抱着那个从马德里带来的枕头套。不解的荷西笑她，三毛解释说里面有成沓的钞票。那是父亲给她的，做应急之用。

然而荷西却不愿使用这笔钱，他的自尊心让他坚持通过自己的努力来给三毛一个温馨的家。于是，他让三毛将这笔钱存进银行，同时把自己工作赚来的钱交给了三毛。

最后，三毛用荷西的钱，买了一个小冰箱、一只冻鸡、一个煤气炉和一条毯子。沙漠的夜晚，气温会降到零度以下。两人在地上铺了一块帆布，三毛缩在睡袋里，荷西只包了个毯子就躺下休息了。凛冽的风吹进来，三毛度过了第一个失眠的寒夜。

我 愿 意

安顿好新家，荷西便开始张罗着结婚的事情了。而三毛却表示，自己想去外面走走，等三个月回来后再结婚。

等了这么多年，荷西哪里肯，于是，第二天，荷西就拉着三毛直奔当地的法院。法院里的老秘书，已经满头银发。而在这里的法院办结婚手续，还是破天荒的头一遭。从没有过白人在这里结婚，当地人结婚是不需要找法院的。

老秘书抱来一大摞民法书，一边翻找，一边琢磨，终于整理出了办理结婚需要哪些文件：出生证明、单身证明、居留证明、法院公告证明……证明文件由台湾出具后，还须由"台湾驻葡萄牙公使馆"翻译证明，转西班牙驻葡领事馆公证，再经西班牙外交部转到西属撒哈拉审核，核准后公告半月，然后送马德里户籍所在地法院公告。

如此多步骤的马拉松式的程序，全部走完至少需要两三个月的时间。

不情愿的荷西委屈地嘀咕着三毛是不是有第六感，刚刚说完三个月，现在立马就应验了。暗自偷笑的三毛这下可以随处去看看了。她每天都背着相机挎着背包游览那些极具民族特色的帐篷，她还因此认识了不少当地的人。

而荷西为了多赚些钱，更加夜以继日地工作，陪伴三毛的时间越来越少，他们要很长时间才能见一回面。家里的大事小情就都落在了三毛一个人的肩上，而最不容易的就是买水。

灼人的烈日下，我双手提着水箱的柄，走四五步，就停下来，喘一口气，再提十几步，再停，再走，汗流如雨，脊椎痛得发抖，面红耳赤，步子也软了，而家，还是远远的一个小黑点，似乎永远不会走到。

提水到家，我马上平躺在席子上，这样我的脊椎就可以少痛一些。有时候煤气用完了，我没有气力将空桶拖去镇上换，计程车要先走路到镇上去叫，我又懒得去。

于是，我常常借了邻居的铁皮炭炉子，蹲在门外扇火，烟呛得眼泪流个不停。

在这种时候，我总庆幸我的母亲没有千里眼，不然，她美丽的面颊要为她最爱的女儿浸湿了——我的女儿是我们捧在手里，掌上明珠也似的抚养大的啊！她一定会这样软弱地哭出来。

我并不气馁，人，多几种生活的经验总是可贵的事。

沙漠生活的艰难在没来沙漠以前是想象不到的，三毛算是真实地体验到了。窗外如泣的风声，中午烫手、晚上冰凉的墙壁，时有时无的电，没有电视和广播，连报纸都没有……

每当傍晚来临，三毛便会望着头顶那个方方正正的洞，想着荷西。每次荷西回家，三毛都万分不舍，然而他要给他们挣得一个未来，给他心爱的女人幸福，他们都要忍耐暂时的别离和贫穷。

他们的家没有门牌，三毛便在邮局里租了一个邮箱便于接收邮件。她几乎每天都要走上一个小时去镇上看是否有自己的信件。一来二去，她和邮局以及法院的人都熟识了。

沙漠的七月，天烧似火。一天上午，老秘书突然通知三毛："文件旅行结束。明天下午六点半，到法院举行结婚仪式。"公告已经发出，可荷西还在上班，正好，荷西公司的司机开着吉普车从镇上路过。三毛上前叫住他，让他通知荷西："他明天跟我结婚，让他下班到镇上来。"司机莫名其妙。荷西本人难道不知道吗？三毛接着说："他不知道，我也不知道。"

荷西来了，立即兴奋地建议："停下手中的一切活计，看电影以志新禧。"沙漠里只有一座四流的电影院，他们看了一场《希腊左巴》。

然后三毛给父母拍了电报。三毛的电报很短："明天结婚，三毛。"荷西则写："对不起，临时通知你们，我们事先也不知道明天结婚。请原谅。"

第二天下午结婚。结婚的经过，三毛有精彩的回忆：

先是结婚礼物。

第二天下午五点半，荷西来敲门，我正在睡午觉，他进门就大叫："快起来，我有东西送给你！"

我赶紧打开盒子，撕掉乱七八糟包着的废纸。哇！露出两只骷髅的眼睛来……原来是一副骆驼的头骨，惨白的骨头很完整地合在一起，一大排牙齿正龇牙咧嘴地对着我，眼睛是两个大黑洞。

我太兴奋了。这个东西真是送到我心里去了……荷西不愧是我的知音。"哪里搞来的?"我问他。

"去找的啊!沙漠里快走死了,找到一副完整的,我知道你会喜欢。"他很得意。这真是最好的结婚礼物。

接着,是穿结婚礼服。

我有很多好看的衣服,但平日很少穿。我伸头去看了一下荷西,他穿了一件深蓝的衬衫,大胡子也修剪了一下。好,我也穿蓝色的。我找了一件淡蓝细麻布的长衣服。虽然不是新的,但是它自有一种朴实优雅的风味。鞋子仍是一双凉鞋,头发放下来,戴上一顶草编的阔边帽子,没有花,去厨房拿了一把香菜别在帽上……荷西打量了我一下:"很好,田园风味,这么简单反而好看。"

他们没有车,只好走着去法院。

从三毛住的地方到小镇上要四十分钟,没有车,只好走路去。漫漫的黄沙,无边而庞大的天空下,只有两个渺小的身影在走着,四周寂寥得很,沙漠,在这个时候真是美丽极了。

"你也许是第一个走路结婚的新娘。"

荷西说。

"我倒是想骑匹骆驼呼啸着奔到镇上去,你想那气势有多雄壮,可惜得很。"

结婚的经过三毛也有精彩的描述。

还没走到法院,就听见有人说:"来了,来了!"一个不认识的人跳上来照相。我吓了一跳,问荷西:"你叫人来拍照?""没有啊,大概是法院的。"他突然紧张起来。

走到楼上一看,法院的人都穿了西装,打了领带,比较之下荷西好似是个来看热闹的人。

很快,婚礼开始。

我们坐定了,秘书先生开始讲话:"在西班牙法律之下……第一,结婚后双方必需住在一起……"我一听,这一条简直是废话嘛……那时,我开始笑起来,以后他说什么,我完全没有听见。后来,我听见法官在叫我的名字——"三毛女士"。我赶紧回答他:"什么?"那些观礼的人都笑起来……

这时我突然发觉,这个年轻的法官拿纸的手在发抖,我轻轻推了一下荷西叫他看。这是沙漠法院第一次有人公证结婚,法官比我们还紧张。

"三毛,你愿意做荷西的妻子吗?"法官问我。我知道应该回答——"是。"不晓得怎么的却回答了——"好!"法官笑起来,又问荷西,他大声说:"是。"我们俩人都回答了问题,法官却好似不知下一步该说什么好,于是我们三人都静静地站着,再后法官突然说:"好了,你们结婚了,恭喜,恭喜。"我一听这拘束的仪式结束了,人马上活泼起来,将帽子一把拉下来当扇子扇。许多人上来与我们握手……他竟忘了给我戴戒指。

仪式结束。

回来的路上,荷西建议,到沙漠最豪华的国家旅馆住一夜。

人生就结一次婚,一定要挥霍一下。三毛摇头,她不愿意挥霍,一个劲地拉新郎回家。

推开家门,一个精致的大蛋糕在那里静静地等着他们。是荷西的同事们送的。蛋糕上写着:"新婚快乐。"

撒哈拉的沙漠固然荒凉,固然让人难熬,但那里的人却是善良的,不论是那个可爱的老秘书,那个紧张的法官,还是所有的法院工作人员,以及荷西的那些同事们,他们都怀着最美好的祝福,期望这一对夫妇能够将幸福之花,绽放在撒哈拉荒凉的土地上。

简单的幸福

  每个人的生命中总有那么一段,是自己永生无法淡忘的。看着自己曾经战胜了种种苦难,走过崎岖的路途,该是怎样一种心境?那些深深浅浅的足迹,正是对命运最崇高的致敬。对于三毛和荷西来说也是如此,与君同行,此生不虚。
  婚后,三毛的撒哈拉生活渐渐变得丰富起来,虽然沧桑和艰难随时伴随着这对小夫妻,但能和自己爱的人在一起,连空气都感觉是幸福的。
  有一次,荷西问了三毛一个无理由的问题:"你要嫁一个有多少财产的丈夫?"
  三毛的回答也很奇怪:"看着不顺眼的话,千万富翁也不嫁;看着顺眼的话,亿万富翁也嫁。"
  荷西心慌了,说来说去都是有钱人。而荷西从来都不是一个富人,甚至还是一个贫困户,房子是租的不说,还漏了一个洞。
  荷西说:"那,你吃得多吗?"
  三毛小心地回答:"不多,不多,以后还可以少吃点。"
  生活慢慢步入了正轨,这个家,也在两个人的努力下越来越漂亮了。

我们正式结婚的时候,这个家,有一个书架,有一张桌子,在卧室空间架好了长排的挂衣柜,厨房有一个小茶几塞在炊事台下放油糖瓶,还有新的沙漠麻布的彩色条纹的窗帘。

客人来了还是要坐在席子上,我们也没有买铁丝的床架。墙,还是空心砖的,没有糊上石粉,当然不能粉刷。

结婚后,公司答应给两万块的家具补助费,薪水加了七千多,税减了,房租津贴给六千五一个月,还给了我们半个月的婚假。

我们因为在结婚证书上签了字,居然在经济上有很大的改善,我因此不再反传统了,结婚是有好处的。

我们的好友自愿代荷西的班,于是我们有一个整月完全是自己的时间。

来之不易的蜜月让两个人兴奋不已,他们终于有时间日夜相守了,他们商量好来一次沙漠的蜜月旅行。

前期准备时,他们租来了一辆吉普车,还请了当地的向导。路线也规划好了,往西走,经过马克贝斯,进入阿尔及利亚,再转回西属撒哈拉沙漠,由斯马拉斜进毛里塔尼亚直到新内加边界,再由另一条路上行到西属沙漠下方的维亚西纳略,最后回到阿尤恩。

到撒哈拉沙漠之前,三毛一直梦想着能够成为第一个踏上撒哈拉土地的中国女人。等到真正面对沙漠时,她才发现自己的想法有多么天真。然而三毛是个天生的行者,她的灵魂始终飘浮在自己的世界里。与荷西同行的每一段路途，都一丝丝地融进了她的生命。多年后，三毛也不曾想到自己会爱荷西那么深。

蜜月旅行归来，两个人都疲劳不堪。但荷西还是不愿意休息，他准备利用最后一个星期日，将新家粉饰一番。于是，一幢美丽而整洁的小白屋出现了，在阿拉伯居民区，显得那样夺目。

而三毛从十三岁时起，就做着艺术家的梦。虽然学国画不成，也没有学成油画，但是三毛对自己的艺术天赋还是充满信心。她把自己的艺术"天赋"用在了第一个家的精心设计上。

三毛极其投入地点缀着家庭的诗意，她不辞辛苦，搬了好些空心砖回来，并把它们紧挨着墙垒高铺平。再铺上两块木板，板上放上一块厚厚的海绵垫。再把另一块垫子靠着墙壁竖起来。最后，她缝制了一个与窗帘一样的彩色条纹的沙发套。配上雪白的墙壁，三毛觉得十分协调好看。

三毛还用母亲寄来的丝布卷帘做成了台布，铺在了桌子上，显得极为素雅。书架漆了一层深木色，感觉厚重了许多。

值得一提的是，家对面有一个很大的垃圾场，这对拾荒成癖的三毛来说，简直是上帝赐予的大宝箱。她从那里翻出来一个旧的汽车轮胎，拿回家清洗后稍加修整，里面放上一个红布坐垫，一个鸟巢式沙发便诞生了。朋友们来了都争先恐后地抢着坐。

还有一些大大小小的绿色瓶子，三毛都捡回家，清洗后分别放在桌子、柜子上，再往里插上一丛丛怒放的野地荆棘，一种浓烈的诗意顿时溢满整个屋子。三毛用水和着油漆把各种汽水瓶涂上印第安人的图案和色彩，变成了工艺品。

那只骆驼头骨是爱情的礼物，三毛将它高高置于书架上。荷西还用铁皮和玻璃，做了一盏风灯，搁在头骨旁边。

三毛四处搜集装饰品，就连台湾的朋友也为她锦上添花。

陶土的茶具，我也收到了一份。爱友林复南寄来了大卷现代版书，平先生航空送了我大箱的皇冠丛书，父亲下班看到怪里怪气的海报，他也会买下来给我。姐姐向我进贡衣服。弟弟们最有意思，他们搞了一件和服似的浴衣来给荷西，穿上了像三船敏郎——我最欣赏的几个男演员之一。母亲的棉纸灯罩低低地挂着，林怀民那张黑底白字的"云门舞集"四个龙飞凤舞的中国书法贴在墙上时，我们这个家，开始有了说不出的气氛和情调。

看着焕然一新的新家，荷西自然赞叹不已。荷西的单身同事们，也极喜欢把他们的假日泡在这里。他们一边尽情享用中国美食，一边对三毛的家庭装饰啧啧称赞。一位外国记者偶然来到三毛家，一进门，他就惊讶地嚷起来："天呀！我们是在撒哈拉吗？天呀！天呀！"接着，他就毫不客气地说，他喜欢家里的一件工艺品——石像，很想买回去作为纪念。他的赞不绝口让三毛颇为得意，听到他喜欢那件工艺品，便极为慷慨地免费相送，算是奖赏。

还有一个慕名而来的西班牙建筑师，他参观得很仔细，还拍了大量的室内设计照片。他告诉三毛，他是受西班牙政府的委托，负责在沙漠建造一批新居的。而三毛的家，可以成为沙漠未来民居的蓝图之一。

三毛完全陶醉了。

蜜月结束了，陋室也装扮一新。荷西则要回到往日的忙碌工作中了，对荷西愈发依赖的三毛顿感凄苦，没有荷西在身边的生活索然无趣。

有时候荷西赶夜间交通车回工地,我等他将门咔嗒一声带上时,就没有理性地流下泪来,我冲上天台去看,还看见他的身影,我就又冲下去追他。我跑得气也喘不过来,赶上了他,一面喘气一面跟他走。

"你留下来行不行?求求你,今天又没有电,我很寂寞。"我双手插在口袋里,顶着风向他哀求着。

荷西总是很难过,如果我在他走了又追出去,他眼圈就红了……他将我用力抱一下,就将我往家的方向推。我一面慢慢跑步回去,一面又回头去看,荷西也在远远的星空下向我挥手。

三毛,这位马德里的东方公主,因为爱情,再也骄傲不起来了。

但三毛终究是一个乐观的坚强女子,为了打发枯燥而寂寥的生活,她便寄情于厨房,开始研究做菜。

做家庭主妇,第一便是下厨房。我一向对做家事十分痛恨,但对煮菜却是十分有兴趣,几个洋葱,几片肉,一炒,变出一个菜来,我很欣赏这种艺术。

最初,三毛只有做西餐的经验,可时间长了也会反胃。后来三毛的母亲从台湾空运了很多中式菜需要用的原料,如粉丝、紫菜、冬菇、生力面、猪肉干,还有女友从欧洲寄来的酱油,三毛的"中国饭店"有了雏形。

尽管对中式的饭菜不甚了解，荷西却对三毛的厨艺报以热情的回应，这也极大地增加了三毛的自信。荷西还时常带同事到家里吃饭，三毛也有意展示自己的厨艺。后来，就连荷西的老板也都慕名前来，还点了一道"笋片炒冬菇"。但是那里怎么会有笋片呢？三毛却爽快地答应，用小黄瓜代替笋片，大家也吃得宾主尽欢。

"中国饭店"

要获得丈夫的心,首先要笼络住他的胃。在这一点上,三毛发挥得淋漓尽致,她凭借自己烧菜的优势,把荷西牢牢握在手心里,不怕他出去散心,也不用去瞎猜,正如她自己说的"饥饿的狼知道哪里有好吃的东西"。

中国的菜和名字都很富有文化气息,再加上三毛富有诗意的解说,就更加的意境丰富了。

荷西下班回来总是大叫:"快开饭啊,要饿死啦!"白白被他爱了那么多年,回来只知道叫开饭,对太太却是正眼也不瞧一下,我这"黄脸婆"倒是做得放心。话说第一道菜是"粉丝煮鸡汤",他喝了一口问我:"咦,什么东西?中国细面吗?""你岳母万里迢迢替你寄细面来?不是的。""是什么吗?再给我一点,很好吃。"我用筷子挑起一根粉丝:"这个啊,叫作'雨'。""雨?"他一呆。我说过,我是婚姻自由自在化,说话自然心血来潮随我高兴。"这个啊,是春天下的第一场雨,下在高山上,被一根一根冻住了，山胞扎好了背到山下来一束一束卖了换米酒喝，不容易买到哦！"荷西还是呆呆地、研究性地看看我，又去看看盆内的"雨"，然后说："你当我是白痴？"我不置可否。

第二次吃粉丝是做"蚂蚁上树"，将粉丝在平底锅内一炸，再洒上绞碎的肉和汁。荷西下班回来一向是饿的，咬了一大口粉丝："什么东西？好像是白色的毛线，又好像是塑胶的？""都不是，是你钓鱼的那种尼龙线，中国人加工变成白白软软的了。"我回答他。他又吃了一口，莞尔一笑，口里说着："怪名堂真多，如果我们真开饭店，这个菜可卖个好价钱，乖乖！"那天他吃了好多"尼龙加工白线"。

第三次吃粉丝，是夹在东北人的"合子饼"内与菠菜和肉绞得很碎当饼馅。他说："这个小饼里面你撒了鲨鱼的翅膀对不对？我听说这种东西很贵，难怪你只放了一点点。"我笑得躺在地上。"以后这只很贵的鱼翅膀，请妈妈不要买了，我要去信谢谢妈妈。"我大乐，回答他："快去写，我来译信，哈哈！"

反正夫妇生活总是在吃饭，其他时间便是去忙着赚吃饭的钱，实在没多大意思。有天我做了饭卷，就是日本人的"寿司"，用紫菜包饭，里面放些维他肉松。荷西这一下拒吃了。"什么，你居然给我吃印蓝纸、复写纸？"我慢慢问他："你真不吃？""不吃，不吃。"好，我大乐，吃了一大堆饭卷。"张开口来我看！"他命令我。"你看，没有蓝色，我是用反面复写纸卷的，不会染到口里去。"反正平日说的是唬人的话，所以常常胡说八道。"你是吹牛大王，虚虚实实，我真恨你，从实招来，是什么吗？""你对中国完全不认识,我对我的先生相当失望。"我回答他,又吃一个饭卷。他生气了,用筷子一夹夹了一个,面部大有壮士一去不复返的悲壮表情,咬了半天,吞下去。"是了,是海苔。"我跳起来,大叫:"对了,对了,真聪明!"又要跳,头上吃了他一记老大爆栗。

中国东西快吃完了,我的"中国饭店"也舍不得出菜了,西菜又开始上桌。荷西下班来,看见我居然在做牛排,很意外,又高兴,大叫:"要半生的。马铃薯也炸了吗?"连给他吃了三天牛排,他却好似没有胃口,切一块就不吃了。"是不是工作太累了?要不要去睡一下再起来吃?""黄脸婆"有时也温柔。"不是生病,是吃得不好。"我一听"呼"一下跳起来。"吃得不好?吃得不好?你知道牛排多少钱一斤?""不是的,太太,想吃'雨',还是岳母寄来的菜好。""好啦,'中国饭店'一星期开张两次,如何?你要多久下一次'雨'?"

有一天荷西回来对我说:"了不得,今天大老板叫我去。""加你薪水?"我眼睛一亮。"不是——"我一把抓住他,指甲掐到他肉里去。"不是?完了,你给开除了?天啊,我们——""别抓我嘛,神经兮兮的,你听我讲,大老板说,我们公司谁都被请过到我家吃饭,就是他们夫妇不请,他在等你请他吃中国菜——""大老板要我做菜?不干不干,不请他,请同事工友我都乐意,请上司吃饭未免太没有骨气,我这个人啊,还谈些气节,你知道,我——"我正要大大宣扬中国人的所谓骨气,又讲不明白,再一接触到荷西的面部表情,这个骨气只好哽在喉咙里啦!

第二日他问我:"喂,我们有没有笋?""家里筷子那么多,不都是笋吗?"他白了我一眼。"大老板说要吃'笋片炒冬菇'。"乖乖,真是见过世面的老板,不要小看外国人。"好,明天晚上请他们夫妇来吃饭,没问题,笋会长出来的。"荷西含情脉脉地望了我一眼,婚后他第一次如情人一样地望着我,使我受宠若惊,不巧那天辫子飞散,状如女鬼。

第二天晚上,我先做好三道菜,用文火热着,布置了有蜡烛的桌子,桌子铺了白色的桌布,又加了一块红的铺成斜角,十分美丽。这一顿饭吃得宾主尽欢,不但菜是色香味俱全,我这个太太也打扮得十分干净,居然还穿了长裙子。饭后老板夫妇上车时特别对我说:"如果公共关系室将来有缺,希望你也来参加工作,做公司的一分子。"我眼睛一亮。这全是"笋片炒冬菇"的功劳。

送走老板,夜已深了,我赶忙脱下长裙,换上牛仔裤,头发用橡皮筋一绑,大力洗碗洗盆,重做灰姑娘状使我身心自由。荷西十分满意,在我背后问:"喂,这个'笋片炒冬菇'真好吃,你哪里弄来的笋?"我一面洗碗,一面问他:"什么笋?""今天晚上做的笋片啊!"我哈哈大笑:"哦,你是说小黄瓜炒冬菇吗?""什么,你,你,你骗了我不算,还敢去骗老板——""我没有骗他,这是他一生吃到最好的一次'嫩笋片炒冬菇',是他自己说的。"

沙漠的生活单调而又枯燥,可三毛总是用自己的方式来填补生活中的空白。

为此,三毛还写下了长文《中国饭店》,描述了当时的烹饪趣事,发表在 1974 年 10 月 6 日中国台湾的《联合报》副刊上,那是她停笔十年后的首作,收入《撒哈拉沙漠》中,于 1976 年出版时改名为《沙漠中的饭店》,这也是三毛第一次使用"三毛"的笔名。

沙漠文学

虽然身处荒漠的城堡，三毛却从未放弃过她的文学梦想。她喜欢写字，喜欢把心里的故事写在纸张上面。她在台湾的时候，曾用"陈平"的名字发表了短篇散文小说《惑》，之后，她又用这个笔名发表了《雨季不再来》等一系列作品。而在荒漠中，三毛开始启用一个新的笔名——三毛。不用说，这个名字与她幼年时期读过的那本《三毛流浪记》有着很深的渊源。

写稿的时候还不知道该用什么名字，我从来不叫三毛，文章写好后，就想，我不是十年前的我了，改变了很多，我不喜欢用一个文绉绉的笔名，我觉得那太做作，想了很多，想到自己只是一个小人物，干脆就叫三毛好了。

1974年5月，三毛在沙漠中的第一篇作品——《中国饭店》（后改名为《沙漠中的饭店》）诞生。三毛的倔强和忧伤、敏感和任性，荷西的憨厚大度、豁达开朗，都鲜明地跃然纸上，文章的字里行间都溢满着他们的幸福。虽然这些文章描述的都是一些日常的琐事，但让人读起来如同品上一盏清茗一样。

而这篇关于家庭饭店的琐事的文章得到了发表，三毛与荷西对此都欣喜若狂。

十天后，我接到寄至撒哈拉沙漠的《联合报》航空版，看见文章登出来，几乎不相信自己的眼睛，实在是太快了。我拿了这张报纸就走，那时我和荷西还没有车子，可是我实在是等不及了，手拿报纸就往沙漠上一直走，打算走到工地去告诉他。我走到他的交通车会经过的路上，后来，交通车过来了，他看见我就叫司机停车，我向他跑过去，他说："不得了，你已经投中了！"我说："是，是，就在这里。"他问："你怎么证明那就是你的呢？"我说："你看那个笔名的字嘛！"那真是很快乐的一天，到现在都不能忘记，十年以后，第一次写文章，在沙漠里，只有一个人可以分享，而这个人是看不懂我的文章的人，可还是很高兴，像孩子一样在沙漠里跳舞。

《中国饭店》发表后，三毛正式进入了她人生中第二个文学创作时期——沙漠文学时期。按照三毛的写作时间，这个时期可分为两个阶段：一是撒哈拉创作阶段，即沙漠文学时期一，二是大加纳利群岛创作阶段，即沙漠文学时期二。

后来，那些在撒哈拉创作的作品，主要都收集在了她的《撒哈拉的故事》一书中，共计十二篇。它们分别是：《沙漠中的饭店》《结婚记》《悬壶济世》《娃娃新娘》《荒山之夜》《沙漠观浴记》《爱的寻求》《芳邻》《素人渔夫》《死果》《天梯》《白手成家》。

1976年，《撒哈拉的故事》由台湾皇冠出版社出版。此后，该书不断再版，共出了三十七版。它是三毛的第一部文学集子，也是她众多文集中再版次数最多的一本。

《撒哈拉的故事》出版后，在台湾的文艺界风靡起来。一时间，台湾的男女青年们都在阅读这本书，三毛成了真正意义上的畅销书作家。三毛的那些琐碎的小故事受到了台湾青年的广泛关注和欢迎。

这个世界上固然是需要意义深刻的作品，需要那些发人深省的，引发人们对现实、对人性思索的作品，但同时，也需要一些能够打动人心的，简单的关于爱情、关于生活的小故事。世界是严肃的，也是活泼的，是大气的，也是布满了碎花纹的。只有这样多彩的世界，才让人欲罢不能地在其中生存。

关于三毛的作品，她自己曾经说过这样的一段话：

很多人看了我的书，都说："三毛，你的东西看了真是好玩。"我最喜欢听朋友说"真是好玩"这句话，要是朋友说"你的东西有很深的意义"，或是说——我也不知怎么说的，因为很少朋友对我说这个，一般朋友都说："看你的东西很愉快，很好玩。"我就会问："我写的东西是不是都在玩？"他们说："是啊。"前不久我碰到一个小学四年级的朋友，他说："你的东西好好玩。"我觉得这是一种赞美。

这也正是三毛的创作动力。她从来都不是要去写什么层次很深的、让人极难读懂的东西。我们知道有很多具有文学意义的作品，都是必须有一定生活阅历的人才能读懂的。同样一个作品，给小学生、中学生、大学生、教授来读，都能有不同的感受，阅历越深，知识积累越多的人，才能越接近作品的本来意义。

但三毛却不同，她的作品，不论给中学生还是教授来读，都有同样的意义。因为她就是要写这样的东西，简单的、轻松的、让人愉快的。这些东西也许永远都难登大雅之堂，永远不会在文学史中被提到只言片语，但至少，这些作品给那个时代带来了轻松，带来了别样的感受。

三毛因这本《撒哈拉的故事》彻底在台湾成名，她成了当时台湾许多年轻人的偶像。而对此，最最高兴的无疑是爱她的父亲，和为她操心半生的母亲。母亲在给她的来信中，是这样写的：

许多爱护你的前辈，关怀你的好友，最可爱的是你的读者朋友们，电话、信件纷纷而来，使人十分感动。在《白手成家》刊出后，进入最高潮，任何地方都能听到谈论三毛何许人也。我们以你为荣，也分享了你的快乐，这是你给父母一生中最大的安慰。

三毛的沙漠生涯虽然苦，但却做出了令父母感到骄傲的成绩，或者这些成绩，在三毛去世的许多年后，也成了她年迈父母唯一的安慰。

三毛在她的少女时代开启了雨季文学，那个时候，她的作品有着独属于那个年纪的忧伤和迷惘，有着她走不出的小世界、小疼痛。而到了沙漠文学时期，她的作品风格却是彻头彻尾地改变了。这个时候，她已经不再是那个不食人间烟火的小女孩，她经历了生活的艰难，经历了人世的苦楚，经历了恋爱的失败，她开始从出世转成了入世，从悲剧变成喜剧。

这个现象是很有趣的。十六岁的三毛，吃穿不愁，生活富足，一切事情都有父母顶着，她不必承担任何责任，父母对她唯一的期望就是她能够快乐无忧地活着。可那个时候她的作品是困苦的，是充满了忧伤和彷徨的。而在沙漠的生活中，她经历了糟糕的荒漠的生活，经历了撒哈拉威人的为难，经历了一分钱难倒英雄汉的窘迫，但此时，她的《撒哈拉的故事》一书中，却洋溢着健康、自信、乐观的思想情绪。

也许这就是成长。只有真正经历过艰苦的人，才能感受到真正的快乐。

三毛的沙漠文学时期，几乎所有作品，都在写着两个人。这两个人，一个叫作三毛，一个叫作荷西。这两个人如同疯子一般，放弃了大好的生活不过，只身来到世界最大的荒漠——撒哈拉大沙漠里生存，而原因则是因为三毛要探寻那神奇的沙漠世界。

在三毛的笔下，荷西诚实憨厚到近乎笨拙，他热情粗犷，如同所有快乐的西班牙男子一样，会热情直观地表达自己的所有想法，包括爱情。这个男子在十八岁的那年爱上了三毛，苦等六年之后，终于得到三毛的芳心，与她在这个大沙漠里喜结连理，他们的结合让周围的所有人都为之欣喜。

这个男子并没有来过中国，但却得到了许多中国人，尤其是中国青年读者的喜爱。而他们喜爱的，其实并非是那个在撒哈拉与三毛相濡以沫的男人，而是那个在三毛的作品中可爱的大男孩。当然，他们是同一个人。是三毛将这个平凡而执着的男子留在了出版物之中。尽管几年后，这个男子终归丢下三毛，独自去往天堂，但他却永远地活在了那些被许多人喜爱的三毛的作品之中。

三毛将她对荷西的全部爱恋，毫无保留地融入了作品里，于是，全国所有阅读过三毛作品的年轻人，都同三毛一起爱上了这个西班牙男子。他们的爱恋，他们的喜悦，他们的艰苦，他们的幸福，所有的读者都在与他们一同分享。

后来，荷西死去，所有的读者都与三毛一同悲伤。

三毛笔下的另一个主人公自然就是三毛自己。在她的作品中，这个女子开朗快乐，潇洒自然，从不被困难打倒，同时还很有幽默感。这个女子似乎与那个阁楼中自闭的少女完全联系不到一起，但是那却又是实实在在的同一个人。

所以有人曾经怀疑，怀疑这个小说中的"三毛"只是三毛在思想中的一个投影，是她想要成为的那个人。也许那个《中国饭店》远没有那样快乐，也许她在经历困苦的时候难过得想要自杀，但她仍然希望自己可以是那个不畏困难，永远微笑，永远活泼的"三毛"。

人一旦给了自己规定的模式，就很容易陷入矛盾之中。一方面，她崇尚着给自己规定的那个角色，期望能成为那样的人，另一方面，她又无法摆脱那个卑微的，甚至相反的自己。渐渐地，当她发现理想与现实之间已经是一条不可逾越的鸿沟时，她就会崩溃，就会再也难以承受。

从前，她还可以欺骗自己，她就是她想象的那个人，但是当那个人彻底消失在她的生命里，连一点影子都不留的时候，就会使她再度陷入痛苦和抑郁之中。

也许三毛的病症从来就没有好过，只不过她给自己穿上了一件可以掩饰内心迷惘的外衣。

三毛曾经说过："有无数的读者，在来信里对我说：'三毛，你是一个如此乐观的人，我不知道你怎么能这样凡事都愉快。'我想，我能答复读者的只有一点：'我不是一个乐观的人。'"

撒哈拉威人

撒哈拉威人是当地的土著居民,他们是虔诚的伊斯兰教教徒,长年以游牧为生。据说他们与西班牙殖民者有着渊源颇深的矛盾,甚至是仇恨。

荷西在公司的薪水不高,所以他们只能选择到撒哈拉威人聚集的地方租房居住。经常会有白种的西班牙人劝他们搬到白人区来,离那野蛮而不讲理的土著人远一些。三毛却不这么认为,虽然这些撒哈拉威人有着顽固的体臭,他们常常自以为是,还喜欢占小便宜,但仍不失为一个可爱的民族。

三毛曾在《芳邻》中这样描述她的邻居们:

我的邻居们外表上看去都是极肮脏而邋遢的撒哈拉威人。

不清洁的衣着和气味,使人产生一种错觉,以为他们也同时是穷苦而潦倒的一群。事实上,住在附近的每一家人,不但有西国政府的补助金,更有正当的职业,加上他们将屋子租给欧洲人住,再养大批羊群,有些再去镇上开店,收入是十分安稳而可观的。

所以本地人常说，没有经济基础的撒哈拉威人是不可能住到小镇阿尤恩来的。

我去年初来沙漠的头几个月，因为还没有结婚，所以经常离镇深入大漠中去旅行。每次旅行回来，全身便像被强盗抢过了似的空空如也。沙漠中穷苦的撒哈拉威人连我帐篷的钉都给我拔走，更不要说随身所带的东西了。

这段描述语气平和而轻松，似乎他们相处得还算融洽。

1974年夏季的一天，三毛突然在家门口发现了一串奇怪的项链：一条麻绳，穿着一个小布包、一个心形果核和一块铜片。三毛以为是哪个淘气的孩子挂上来的，加上自己对拾荒有着莫名的情结，这样新奇的东西显然让三毛欲罢不能。她把这项链拣回家中，反复清洗了很多遍，希望看到这项链绽放出它本来的神奇色彩。

然而，这串项链的神奇近乎诡异，只要是那铜片接触过的地方，就会莫名其妙地发生一些事情。比如放得好好的音乐突然停了，录音机里的磁带缠绕成一团；刹车失灵，本来车技纯熟的荷西，却险些翻车；甚至还发生了咖啡浇灭了火苗，他们差点煤气中毒的诡异事件。

不仅如此，三毛之前的许多病症，也都在一天之内悉数发作：过敏性鼻炎、头晕、胃痛，甚至下体严重出血，送往医院后却仍然治不好。

发生的一切都太过诡异了。三毛与荷西以为是简单的水土不服，可又觉得哪里不对，若是水土不服，他们早该有这些反应了。后来邻居帮他们找到了症结，正是那串奇怪的项链。据说那并非是一串普通的项链,而是撒哈拉威人最恶毒的符咒!

邻居为他们请来了当地的长老——山栋。山栋略施法术,将铜片符咒解除,三毛也随即转危为安,那种种病痛像约好了似的,渐渐地都消失了。

三毛算是领教了撒哈拉威人的厉害。其实,生活上也是如此,他们会时不时地吃当地人的小亏。她家中的水桶、拖把,都不知不觉变成了邻居们的公共财产。随时都有人来借灯泡、洋葱、汽油、棉花、电线等日常用品,通常都是有去无回。

有一阵子,三毛连门都不敢出。因为没等她迈出门槛,就会有一大群孩子围上来,伸着小脏手向她要钱、口香糖、饼干。甚至连撒哈拉威人的羊,也常常跑到他们家屋顶的平台上找食物。这样的事情,荷西与三毛也只能苦笑着不去追究。

他们租住的房子虽然破旧不堪,但是经过三毛和荷西的改造后,成了周围所有建筑中最漂亮的一幢。于是,麻烦也就来了。

房东来了,他一向很少进门内来坐下的。他走进来,坐下了,又大摆大摇地起身各处看了一看。接着他说:"我早就对你们说,你们租下的是全撒哈拉最好的一幢房子,我想你现在总清楚了吧!"

"请问有什么事情?"我直接问他。

"这种水准的房子,现在用以前的价格是租不到的,我想——涨房租。"

我想告诉他——"你是只猪。"

但是我没有说一句话,我拿出合约书来,冷淡地丢在他面前,对他说:"你涨房租,我明天就去告你。""你——你——你们西班牙人要欺负我们撒哈拉威人。"他居然比我还发怒。

"你不是好伊斯兰教教徒,就算你天天祷告,你的神也不会照顾你,现在你给我滚出去。"

"涨一点钱,被你污辱我的宗教——"他大叫。

"是你自己污辱你的宗教,你请出去。"

"我——我——你他妈的——"

我将我的城堡关上,吊桥收起来,不听他在门外骂街。我放上一卷录音带,德弗乍克的《新世界》交响曲充满了房间。

也许,对于撒哈拉威人来说,荷西与三毛是外来者,是入侵者,他们对外来者有着本能的排斥,所以才会排斥荷西与三毛。但这也不代表这些土著人不善良,或许他们只是太爱自己的家园,太过担心他们的家园被人侵犯。

所以虽然三毛和荷西没少被撒哈拉威人为难,但是与那些高级职员的白人太太们相比,三毛还是愿意同他们相处的,至少她觉得撒哈拉威人活得更加真实,更加有趣。她开始和撒哈拉威人一起吃骆驼肉,这种曾让她无比反胃的味道一旦适应了,还真是种美味。渐渐地,撒哈拉威人的体臭,也不再让她感到难闻。

有一天,三毛在镇上离理发店不远的地方,发现了一个小屋,上面标着"泉"字标记,三毛的好奇心驱使她去探究。原来,这是一个洗澡堂。

沙漠里的洗澡堂简直就是奢侈品,三毛花了四十块钱进里面查看。原来,这里是一个深井澡堂。所有的人都光着身子,只有三毛穿着泳装,任凭怎么说都不脱下来。

三毛亲眼看见撒哈拉威人洗澡时的情景:

有一个女的用石头沾着水,刮自己的身体,身上的污垢如同一条黑浆般流下来,一直刮到全身的污垢都松软了,才去冲水。

有一个女人告诉她,她住在夏依麻(帐篷的意思),很远,已经四年没洗过澡了。

三毛不洗,只是站在旁边看,澡堂的老板娘告诉三毛,在哈多海湾的夏依麻,可以看到撒哈拉威人"洗里面"。

以前都是三毛疯,荷西陪着,这次,荷西跟着三毛一起疯。

荷西开车带三毛去找哈多海湾,在一个断崖下面的半圆海湾,有白帐篷,还有男人、女人、小孩。

荷西找来一条绳子,两个人从断崖攀下去,用一块大石头作遮掩,偷偷地观察。

几个撒哈拉威女人先把海水灌到一个大罐子里,罐子下面连着一条皮带管,一个女人躺在沙滩上,旁边的人将皮带管塞进她的体内。水开始灌进女人的身体,如同灌肠一样。水流光了一桶,再灌一大桶,灌完一桶还有一桶。

三毛惊呆了,她从来不知道人的身体能承受这么多东西。按照镇上洗澡堂老板娘的说法,她们一天要洗里面三次,连着要洗七天。三毛看到,刚刚灌完三大桶水的女人呻吟着站起来,开始在沙滩上排泄,一边泄一边掩埋。突然,她蹲在那里唱起歌来,情景相当滑稽。躲在一边偷看的三毛不禁大笑起来。

他们的行踪败露了,许多人围过来追打,荷西拉着三毛落荒而逃,连鞋子都跑丢了。

为了帮助撒哈拉威人,三毛还办了一个学习班,教邻居的女人们一些简单的算术，使她们学会数钱、算账。此外，聪明的三毛久病成医，她还能给当地的人治疗一些简单的病症。渐渐的，三毛变得小有名气了。

三毛还结交了许多撒哈拉威人朋友。比如邻居罕地和他的儿子巴新、女儿姑卡。罕地就是那个告诉她那串项链其实是符咒的人，他还请来山栋施法救了她一命。三毛去沙漠照相的时候，巴新也顺便去沙漠里卖水，一路上他给三毛当翻译，帮忙扛照相器材。此外还有杂货店的管店沙仑、财主的弟弟阿里等。

三毛为自己能够融入这个被视为野蛮和固执的民族而感到自豪，她甚至觉得自己已经征服了撒哈拉的漫漫黄沙，那曾经炙热无比的天空仿佛平静、惬意了很多，就连那漫天的黄沙也变得如水晶一样璀璨。

三毛说过，能够在苦难和烦躁的生活中写小说的是浪漫人，还能总结出真理箴言的是哲学家。而三毛无疑就是一个浪漫的哲学家。在她的眼中，生命的过程之所以瑰丽而雄壮，就在于无论阳春白雪、青菜豆腐都要尝一尝，才不枉来这世上走一回。

哭泣的撒哈拉

就在三毛以为生活就这样按部就班时,就在三毛适应了难能可贵的幸福时,撒哈拉却再无她的容身之处了。所有的一切对于三毛和荷西来说,都那么猝不及防,毫无征兆。

1975年初秋,西属撒哈拉爆发动乱,从动荡发生到突变结束,他们亲眼见证了一切。

夏日的撒哈拉就似它漫天飞扬、永不止息的尘埃,好似再也没有过去的一天,日子在令人欲死的炎热下重复着,缓慢而无奈的日子,除了使人懒散和疲倦之外,竟对什么都迷迷糊糊的提不起劲,心里空空洞洞地熬着汗渍渍的日子。镇上大半的西班牙人都离开了沙漠,回到故乡去避热,小镇上竟如死城似的荒凉。

报上天天有撒哈拉的消息,镇上还是有间歇的不伤人的爆炸。摩洛哥方面,哈珊国王的叫嚣一天狂似一天。西属撒哈拉眼看就要不保了。而真正生活在它里面的居民,却似触摸不着边际的漠然。

沙是一样的沙,天是一样的天,龙卷风是一样的龙卷风。在与世隔绝的世界的尽头,在这原始得一如天地洪荒的地方,联合国、海牙国际法庭、民族自决这些陌生的名词,在许多真正生活在此地的人的身上,都只如青烟似的淡薄而不真实罢了。

他们也照常在这里生活着,心存观望的态度,总不相信那些旁人说的谣言会有一天跟他们的命运和前途有什么特殊的关联,但心里还是不停地默默祈祷。

西属撒哈拉指的是西班牙的殖民地。这片被外国侵占的土地向来纷争不断,族人从没有忘记过争取民族独立。然而内部纷争无疑消耗了自身的实力。而当时的西班牙日益衰退,这让早已觊觎这片土地的摩洛哥看到了机会。

于是,战争一触即发。而西班牙与摩洛哥之间的争战让本已饱受剥削的撒哈拉威人忍无可忍,一直被藏匿的民族大义终于沸腾了。他们以巴西里为首组织了游击队,随即向撒哈拉首府阿尤恩散播独立宣言。

在这场本与他们无关的斗争中,三毛与荷西变得十分被动,他们自然被划入西班牙的阵营。虽然她与荷西都对这些殖民者表示极度反感。

荷西的公司里有一位白人职员,他激动地站在桌子上,发表极端殖民主义的演说。三毛什么也没说,荷西却坐不住了。他"砰"地一拍桌子,起身就要上去揪那个人打架。这场风暴中,三毛与荷西始终是支持土著居民的。然而,由于他们的身份,他们仍然被当作是殖民者。所以,当斗争愈演愈烈,他们的生命安全也受到了当地土著居民的威胁。

没过多久,阿尤恩小镇上随处可见持枪把守的西班牙警察。阿尤恩被戒严了,过往的每个撒哈拉威人都要受到盘查。荷西是西班牙人,三毛也开始受到撒哈拉威人不公平的对待。如"游击队杀荷西、杀三毛"这样的童谣让三毛感到恐惧。她从没想过一直想安度一生的自己，会有一天陷入这样的动荡中。

尤其那个叫沙伊达的美丽少女之死，让三毛久久无法平静。

沙伊达有着一张令所有女人妒忌的美丽脸庞。也正因为这样，她平日里朋友很少，经常被其他女人排挤。而只有三毛会挺身而出替她遮挡流言蜚语。沙伊达从小在孤儿院长大，是天主教徒，在那些撒哈拉威人中显得那样格格不入。即便这样，她仍然是众多男子爱慕的女神。

阿吉比平日里处事蛮横，颇为嚣张，他的父亲是当地的富商，奥菲·鲁阿是一个青年警察，据说他们俩曾经为了美丽的沙伊达大打出手。三毛与荷西对那个阿吉比并不了解，但却和青年警察奥菲·鲁阿是不错的朋友。也正因为奥菲·鲁阿，三毛曾一睹沙伊达的美丽：

灯光下，沙伊达的脸孔不知怎的散发着那么吓人的吸引力，她近乎象牙色的双颊上，衬着两个漆黑的深不见底的大眼睛。挺直的鼻子下面，是淡水色的一抹嘴唇。消瘦的线条，像一件无懈可击的塑像那么优美。目光无意识地转了一个角度，沉静的微笑，像一轮初升的明月，突然笼罩了一室的光华，众人不知不觉地失了神态，连我，也在那一瞬间，被她的光芒震得呆住了。

一天，奥菲·鲁阿突然来请求荷西夫妇开车带他到大漠见家人。心中泛起疑窦的三毛不免犹豫，因为当时局势那么紧张，此时要去沙漠肯定是危险的。但看奥菲·鲁阿确有急事，他们便开车带着他一同前往，开到远在两百多千米外的大漠。

见到了奥菲·鲁阿父亲老族长一家人，三毛稍感放心。但不一会儿，大漠来了一辆吉普车，从车上下来五个穿宽袍的男人。宽袍一脱，居然是游击队的土黄色制服。荷西夫妇以为自己被出卖了，愤怒不已。奥菲·鲁阿拼命地解释，说这是他的哥哥们。

这时，三毛注意到奥菲·鲁阿的二哥气质出众，原来他就是游击队的领袖巴西里。荷西夫妇离去前，奥菲·鲁阿的二哥忽然来跟三毛握手，感谢她平日对沙伊达的照顾。原来巴西里是沙伊达的丈夫。回程路上，奥菲·鲁阿才说明真相：沙伊达是游击队领导人巴西里七年来唯一的妻子。

这让荷西和三毛震惊不已。那个沙哈拉威的灵魂，一呼百应的游击队领袖，刚刚和自己握过手，表达谢意。

因为沙伊达是天主教徒，所以如果巴西里的父亲知道他娶了一个天主教徒，他就会死。而巴西里也担心摩洛哥人劫走沙伊达以要挟游击队。所以，他一直对外隐瞒与沙伊达的婚姻，连同他们所生的小孩都是秘密。

有那么一段日子，由于摩洛哥的叫嚣太过高调，撒哈拉威人和西班牙人竟难得地融洽相处起来。10月17日，海牙国际法庭裁决西属撒哈拉享有民族自决权利。

而就在撒哈拉威人狂欢、狂跳、狂叫，盲目地认为国际法庭能和平解决西班牙殖民权时，摩洛哥国王哈桑招募了大量的志愿兵，向撒哈拉"和平进军"。直到21日，后知后觉的西班牙政府才明白事态的严重性，急忙疏散妇女儿童。这场大撤退，让阿尤恩陷入了兵荒马乱的境地。

22日，三毛的房东罕地已在屋顶上升起摩洛哥国旗，罕地的女婿、姑卡的丈夫阿布弟已投身游击队。荷西四处托人为三毛买机票，要三毛先飞离撒哈拉。荷西随即回到百里外的矿区。磷矿公司总动员配合军队将贵重物品装船，所有迦纳利群岛的西班牙民船被调来此地待命。

　　当晚，巴西里与沙伊达蒙面来敲三毛家的门，房东罕地已是摩洛哥的人，他们投身此地太危险。巴西里托三毛照顾沙伊达，并已安排他们的孩子与嬷嬷先行离镇。巴西里走后，沙伊达留宿三毛家。第二天一早，沙伊达为见孩子最后一面去了医院。

　　下午，三毛的车子刚开到镇外，就被挡了起来。哨兵传出游击队领袖巴西里已遭游击队自己人击毙，军团验尸，奥菲·鲁阿也来认尸，巴西里死得血肉模糊。

　　三毛赶到医院，找不到沙伊达。开车来到撒哈拉威人聚集的广场，才知道撒哈拉威人传出谣言：沙伊达出卖巴西里，将巴西里的行踪告诉摩洛哥人，巴西里才会在暗巷亡命。

　　阿尤恩镇上以阿吉比为首的暴民，动用私刑，选在屠宰骆驼的山谷要杀沙伊达。

　　三毛急着出来为沙伊达辩护：沙伊达是巴西里的妻子，她昨晚在三毛家里，她没有出卖巴西里。

　　暴民群众已经疯狂。阿吉比只是公报私仇，杀害这个他追不到的女人。阿吉比用哈萨尼亚语高叫："谁要强暴沙伊达？她是天主教的，不犯罪的！"三毛听不懂他喊些什么，挤在人群中，眼睁睁地看到阿吉比领着七八个人公然犯下罪行。沙伊达痛苦的哭叫声，痛穿人心。

　　这时我觉得身后有人像一只豹子似的扑进来，扑过人群，拉开一个一个人，像一道闪电似的扑进了场子里。他拉开了压在沙伊达身上的人,拖了沙伊达的头发向身后没有人的屠宰场高地退。鲁阿,拿着一枝手枪,人似疯了似的。吐着白沫,他拿枪比着要扑上去抢的人群。那七八个浪荡子亮出了刀。人群又同时惊呼起来,开始向外逃。我拼命往里面挤,却被人推着向后踉跄地退着。我睁大着眼睛,望见鲁阿四周都是围着要上的人,他一手拉着地上的沙伊达,一面机警地像豹似的眼露凶光用手对着逼向他的人晃动着手枪。这时绕到他身后的一个人跳起来扑向他,他放了一枪,其他的人乘机会扑上来——"杀我,杀我,鲁阿……杀啊……"沙伊达狂叫起来,不停地叫着。我惊恐得噎着气哭了出来,又听见响了好几枪,人们惊叫推挤奔逃。我跌了下去,被人踩着,四周一会儿突然空旷了,安静了。我翻身坐起来,看见阿吉比他们匆匆扶了一个人在上车,地上两具尸体,鲁阿张着眼睛死在那里,沙伊达趴着。鲁阿死的姿势,好似正在向沙伊达爬过去,要用他的身体去覆盖她。

我蹲在远远的沙地上,不停地发着抖,发着抖,四周暗得快看不清他们了。风,突然没有了声音,我渐渐的什么也看不见,只听见屠宰房里骆驼嘶叫的悲鸣越来越响,越来越高。整个的天空,渐渐充满了骆驼们哭泣着的巨大的回声,像雷鸣似的向我罩下来。

第七章　聚散离别两茫茫

你曾在橄榄树下，等待再等待；我却在遥远的地方，徘徊再徘徊。人生本是一场迷藏的梦，切莫把我责怪。为把遗憾赎回来，我也去等待，每当月圆时，我对着那橄榄树，独自膜拜。你永远不再来，我永远在等待，等待，等待，等待，等待。越等待我心中越爱。

再见了,撒哈拉

　　暗夜,漆黑一片。镇外的公路上传来阵阵爆炸声,还依稀传来坦克开过的声音。三毛在家中关紧门窗,不敢多开一盏灯。几个旅行包和箱子都已经整理好了,里面装着她与荷西几年积攒下来的生活用品。三毛抚摸着那些没法带走的家具和物品,仿佛看到了时光正从指尖悄悄溜走,心酸不已。

　　这时,有人敲门,荷西的同事来接三毛去机场了。三毛回头又看了看这个生活了几年的屋子,被催促着上了一辆吉普车,匆忙往机场赶去。

　　三十三岁,她乘飞机离开了撒哈拉沙漠,离开了这个她曾经向往的地方,从此便再也没有回来过。当时摩洛哥的军队已经占领了大部分西属撒哈拉,三毛是最后几个从这里撤离的异族妇女之一。

　　三毛纵然有万般不舍,却也不得不离开。离开这片寄托了她许多美丽幻想的地方,离开这片她深爱着的荒凉的土地。三毛曾经说,这片土地是她的"前世乡愁",是她"梦里的情人",荷西对三毛的昵称是"我的撒哈拉之心"。

这片土地见证了荷西与三毛的爱情。在这片荒漠上，三毛结束了多年的流浪，终于稳下心来嫁给了这个爱着她六年的大男孩。他们在这里共同经营着属于自己的家园。这个家中，每一件家具，每一个摆设，每一件日常用品，都有着他们的汗水，有着他们的欢笑和乐趣。

在这片土地上，他们经历了许多事情，他们见识到了异国的别样风情，交到了许多珍贵的朋友。同时，在这三年多的时间里，三毛还完成了许多脍炙人口的作品，她的写作事业在这里实现了质的飞跃。

然而，她终究是要离开了，要离开这片承载了她的爱与哀愁的荒漠，离开那自己动手装扮的家，离开那漫漫黄沙，离开那些可爱的邻居们。

她坐上飞机看着机翼上竖起的黄沙，看着这片沙漠越来越远，最后变成一个点，再也无法寻觅了。

再见了，撒哈拉！再见了，这个三毛深爱的地方。

三毛成功撤离了撒哈拉，但是荷西却没有那么幸运。三毛很清楚当时的局势。战乱的余烟仍没有散去，进出阿尤恩绝非易事。而那里的人们都急于坐飞机逃离，荷西想要安全地登机离开，简直是天方夜谭。

在等待荷西的那十五天里，三毛整个人变得异常焦躁，心里满是浓浓的不安。

我每天抽三包烟，那是一种迫切的焦虑。夜间不能睡，不能吃。这样等到十五天，直到等到了荷西，以后身体忽然崩溃了。

事实上，荷西的状况确实危险，他只能逃到海边，在那里露宿等待救援。终于盼到一艘靠岸的军舰，但说什么也不允许荷西上舰。正在这时，一条船被卡住了，需要专业的潜水人员去帮助开动，于是，荷西潜水的本领有了用武之地，才被允许登舰。

当荷西奇迹般地出现在三毛眼前时，他们抱头痛哭，三毛这些天的提着的心终于放下了，她喜极而泣。荷西掏出口袋里大堆的钱给她看。原来他把他们的家具然都换成了钱。泣不成声的三毛发誓永远不和荷西分开，永远不。

三毛给远方的父母写了一封信。

先向你们报告好消息，荷西与我今天下午5点已经再度会合，我22日离开撒哈拉，荷西今天在最最危险，几乎是不可能的情形下，坐军舰离开，我多日无食无睡的焦虑完全放下。这些日来，完全没有荷西的消息，我打了快二十个电话，接不进沙漠，没有信。我去机场等，等不到人，我向每一个下飞机的人问荷西的下落，无人知道。我打电话，无回音，我人近乎疯掉。

结果今天下午他来了。爹爹、姆妈，你们的女婿是世界上最最了不起的青年，他不但人来了，车来了，连我的鸟、花、筷子、你们的信（我存了一大箱）、刀、叉、碗、抹布、洗发水、药、皮包、瓶子、电视、照片、连骆驼头骨、化石、肉松、海苔、冬菇，全部运出来，我连一条床单都没有损失。家具他居然卖得掉，卖一万二千元。

三毛和荷西终于相聚了。不过他们相聚的地方不是原来计划的西班牙,而是西班牙在北非的另一块殖民地——大加那利岛。大加那利岛与撒哈拉隔水相望,这座美丽的小岛好像大西洋上的一颗珍珠,圆润而富饶。

对大加纳利岛,三毛是这样描述的:

正因为它在撒哈拉沙漠的正对面,这儿可说终年不雨,阳光普照,四季如春,没有什么明显的气候变化。一千五百三十二平方公里的面积,居住了近五十万的居民,如果拿候鸟似的来度冬的游客来比较,它倒是游客比居民要多多了。

三毛和荷西对新家的选址颇费了一番心思。几番考察后,他们最后选定了离城二十多米的海边社区。

这个远离繁华的社区,被人们称作"小瑞典"。岛上的居民大多是来自北欧的退休老人。还有一些孤独的近乎隐居的人,爱上这里的寂静,在此安享余生。而三毛之所以喜爱这块荒寂的僻静之地,与她几年前酷爱荒漠的秉性不无关系。作家西沙曾来过"小瑞典",他是这样描述这个地方的:"我在那儿坐了近两小时,竟然连一个人影都未看见。"纵然如此,三毛仍然觉得不足,她决定汲取撒哈拉的教训,不想再受邻居打扰,想过清净的生活。

"小瑞典"是一片傍山建造的纯白色居民区。一幢幢西班牙式民居错落有致,山坡正对着蔚蓝色的海洋。三毛的家也是一幢白色的平房,还连着一个小花园。从窗口可以看到一艘艘轮船在海风中漂泊,视线毫无遮挡。这样的花园别墅自然价格昂贵,而且当时的三毛和荷西经济并不宽裕,况且荷西还面临失业,但抵不过对这房子的喜爱,他们还是住了进去。

生活突然变得像在天堂一样：梦中的花园别墅，面朝大海，似乎一切都那么完美。然而，好景不长，他俩的经济变得拮据起来。虽然荷西持有一级潜水资质，西班牙获有这种执照的只有二十八人，但是他在这个安逸的小岛上却找不到一份合适的工作。

两个人的生活成了难题，他们就像亡国的王子和公主，整日被困在美丽的城堡里，没有人知道他们是如何清苦度日的，甚至有时他们困窘到每天只吃一顿生力面。三毛和荷西陷入了生存的困境。万般无奈下，三毛只得向中国台湾求援。她写了一封信给蒋经国，说荷西是中国女婿，期望在台湾找一份工作，待遇不计。蒋经国回信道歉，称台湾暂无适合荷西的工作。

找不到工作的荷西终日满面愁容。十年前，荷西还是个孩子的时候，向三毛求婚，许下的愿望，就是赚钱养活家里的太太。然而，如今的生活却让自己无力实现许下的诺言。

大海对面的撒哈拉枪声密集，烽火烧红了天空。荷西的好友米盖依然冒着生命危险去沙漠工作。荷西不顾三毛的反对，执意回到撒哈拉沙漠，回到他原来的工作岗位上去。

那时的摩洛哥已经占领西属撒哈拉，那片荒芜的土地上不时有游击队如鬼魅般掷出的炸弹，几乎所有的人都逃离了，只有两家相对大型的公司还在坚持运营。而为了公司的运营，公司的老板不惜开出重金，吸引员工去工作。

荷西作为男人的尊严在拼命工作的时候得到了极大的满足。他和三毛每个星期见一次面，每次他都会塞给三毛大把大把的钞票，希望自己用汗水换来的钞票能够让三毛过上好的生活，让自己延长快乐的体会。

然而三毛受不了。这种分别比之前在撒哈拉的生活更加难耐，虽然生活的窘迫得到了改善，她却不能和自己深爱的荷西朝夕相守。何况，荷西工作的地方每天都处在战火中，她随时都可能会失去荷西。

三毛陷入了等待的恐惧和忧虑中，整天无法集中思想。终于，一个下午，神情有些恍惚的三毛出门时遭遇车祸，右腿骨折。他们刚刚攒下的积蓄被花了个干净。躺在病床上的三毛开始变得敏感，开始没来由地惶恐，脾气也变得暴躁起来。荷西毅然辞掉了工作，安心在家照顾三毛。

后来三毛出院了。这一次，她不让荷西回到撒哈拉。她宁可死，也不愿再过这担惊受怕的日子。

荷西终究拗不过三毛，辞去了撒哈拉沙漠的工作。终于不必两头跑，三毛也不必整日担惊受怕了。但是生存问题再次摆在了这对爱人面前。

唯一的生活来源就是三毛从遥远的故乡挣来的三三两两的稿费。荷西的逻辑是："要靠太太养活，不如自杀。"荷西很难过，不愿意将稿费用在房租和伙食上。

一年后，三毛回忆失业的情形，依然心有余悸：

去年失业时的哀愁，突然又像一个大空洞似的把我们吸下去，拉下去，永远没有着地的时候。双手乱抓，也抓不住什么，只是慢慢地落着，全身慢慢地翻滚着，无底的空洞，静静地吹着自己的回声——失业——失业——失业！

返台之行

  三毛的身体越来越差,严重的营养不良,她的妇科病又卷土重来,下体的流血愈发严重,她不得不平躺在床上以减缓血液流动的速度。三毛经常盖着厚厚的被子,但即便如此仍旧感觉到彻骨的凉。她不想去医院,因为那样需要花费一笔不菲的费用,他们的经济实在是窘迫。而且她固执地认为这不是一种正常意义的病症,没准儿什么时间它就会奇迹般地好了。

  窘迫的生活和身体的疼痛让三毛变得愈发敏感,她比以前更加缺乏安全感。她整天黏着荷西,唯恐什么时候会失去他。而当她收到台湾家中寄来的信件时,她就会止不住地流泪,想家的滋味将她牢牢地捆住。

  荷西意识到,该让三毛回家看看了。他无法继续眼睁睁地看着自己心爱的女人,因为没有钱而忍受病痛的折磨,甚至连温饱都不能满足。同时,荷西又不能允许眼下的自己随三毛一起回到台湾见岳父岳母。他不希望三毛的父母看到自己窘迫的模样。

  而三毛想回台湾,一方面是为了治病;另一方面,也是为了少一张嘴吃饭,减轻丈夫的负担。为了省钱,她买的是平价优待的渔民机票。对于荷西为什么没有和她一起回去,三毛解释说,那是因为他们的存款只够买一张半价机票。

送别三毛,荷西痛苦万分,却又无可奈何。心有余而力不足的无奈让他备受煎熬。看着三毛的飞机消失在天际,他难过得哭了起来。然而,荷西知道哭泣不能改变现实,他必须要努力工作,让三毛过上好的生活。

这是三毛离开后,荷西唯一的想法。

而回到台湾的三毛,已非当年那个自卑的小女孩了。一下飞机就被扑面而来的花海和读者所包围。炫目的闪光灯和疯狂的人群几乎让三毛有些不知所措。她不停地抓着衣角,让自己故作镇定。那些喜爱她的读者,高举着各式各样的印有她名字的彩旗,叫着她的名字。是啊,这个叫三毛的人物,带给人们思想的释放,让人们的灵魂得到洗礼。

这个奇异而狂放的传奇女子,曾经只身流浪西班牙、德国、美国等国家,写下了一个又一个传奇的故事。人们终于看到了这个心中的偶像是什么样子,看到她美丽的眼中透着隐隐的悲伤,两条粗麻花辫随意地搭在肩上,皮肤不算好,有很多痘痘……她和张爱玲有些地方比较像,都很敏感,很张扬。

正如曾经采访过三毛的作家心岱回忆的那样:

她的大眼睛和黑发是属于吉卜赛女郎才有的喜乐和奔放,我仿佛听到吉他的乐声从她嘴里唱出来,露出两排参差不齐,充满顽童的无邪、精灵的牙齿。

于是,一批又一批的记者采访、应接不暇的读者签名、没完没了的饭局都如潮水一般向三毛涌来。而那些曾经让三毛仰慕不已的名人，如今居然成了她饭局上觥筹交错的朋友。也许这样的情形，三毛自己也未曾想过。

三毛不喜欢应酬，不喜欢那些饭局，也不喜欢这样的聚会。每个人都轻飘飘地说着不走心的场面话，时而夸张地笑着，背地里却有着各种各样的盘算。何况三毛本就不喜欢热闹。鲜花和掌声固然会让她的虚荣心得到满足，但也仅限于此。唯一一件让三毛高兴的事情是，她拜了老作家徐訏为干爸。

徐訏是那个年代十分有名的作家，曾著有《鬼恋》《江湖行》《吉卜赛的诱惑》《风萧萧》等作品。其中，《风萧萧》便是三毛在小学时期读过的第一本中国长篇小说。

徐老先生自然已经得知三毛这个文坛新星，是个充满了才气的女孩子。所以在一次饭局上，他十分激动地要认三毛为干女儿。精灵如三毛，随即顺水推舟，给先生行了礼，就这样拜了徐訏为干爸。

那之后，兴奋的三毛几乎跑遍了台北所有的书店，只为收集徐先生的作品。当她抱着那一大捆的战利品来到徐家时，徐訏特别高兴，他明白自己认的这个干女儿很有心。后来，三毛离开台湾不久，徐老先生就去了巴黎。老人家对这一段半途中的亲情很珍视，他经常给三毛写信，还埋怨三毛不给他回信。

此外，三毛回台湾的另一个收获就是，她遇到了台北朱士宗医师。他用六十粒中药丸，治好了三毛的下体出血病症。

这次的返台之行，三毛还参加了余光中发起的"现代诗与音乐结婚"的民歌运动，余光中写了《乡愁四韵》，三毛则写了《橄榄树》《一条日光的大道》。两年后，《橄榄树》这首歌成为卖座电影《欢颜》的主题曲,一时间风靡大街小巷。

1985 年,滚石唱片公司发行三毛的有声作品《回声》,齐豫、潘越云、三毛三人被印在唱片的封面上。照片上,三人戴着夸张的民族艺术风格的项链和耳环,服装也极具波西米亚风格。

在台湾,三毛远走如鹤,乐不思蜀。而那时的荷西依旧在贫瘠中苦苦守候。终于他忍不住相思的煎熬,开始不断地给三毛写信,催促她早日回去。陈嗣庆夫妇知书识礼,也劝女儿不要任性,赶紧回去。

而等待多日仍旧不见心爱的女人回来,老实的荷西也耍起了心眼。他在信中说道:"不要担心我不会做家事,现在卡洛在帮着挂窗帘,你不必着急回来。"荷西杜撰了一个邻家的美女卡洛,上演了一出欲擒故纵的戏码。

而三毛享尽了鲜花、盛席、亲情、胜景,也觉得该回大加那利岛,回到愁眉苦脸的丈夫身边去了。她再次奔向了远方,踏上了流浪的行程。只是,此时的三毛心境已然不同,因为在路途的另一边有温柔的守候,有她的伴侣。

但愿人长久

对死亡，我们一直都心有敬畏。

人死之后会到达什么地方？这令很多人百思不得其解。或许那是一片荒凉的虚无之地，暗无天日，没有冷暖，没有情感，仿若一个废旧的垃圾场，已经逝去的灵魂破碎地堆积在一起；也许那是一片乐园，生前有同样癖好的灵魂欢聚一堂；也许……也许虚无缥缈，死了就是死了，就如同冬去春来般花开花谢，灵魂逝去的同时也迎来了新鲜生命的诞生。

按照此理设想，死亡也不过如此，只是生命的轮回，自然规律而已。然而面对逝去的亲人，我们却很难做到如此的淡定。

我们是如此深爱着自己所爱的人，以至于哪怕真正的世界末日来临时，也希望他们能够活下来。

1977年底，在丹娜丽芙岛一直愁眉不展的荷西终于重新拥有了笑容，因为他找到了一份工作，一份十分浪漫、富有诗意的工作。他的工作就是将一片海滩改造成旅游景点。这份工作不仅让荷西拥有了稳定的收入，还让荷西重新有了好的心情。

尽管丹娜丽芙岛和大加那利岛距离并不遥远，尽管现在荷西没有那么危险，但这种分离的痛苦仍然让三毛痛苦不堪。最后，他们先是在岛上租了一个小公寓，开启新的生活。再后来他们又租了一间宽敞的大房子。尽管生活过得有些奢侈，但三毛与荷西并未在意，或许会有人说他们不会过日子。其实，荷西和三毛本就不是为了过日子才走到一起的，他们是为了尽情地享受爱情、享受人生。他们在丹娜丽芙岛度过了幸福的一年。这一年里，他们快乐而浪漫。

一年之后，荷西完美地完成了他的工作——美丽的人造沙滩。这个普通的小岛在荷西的努力工作下变得更加浪漫而多情，如诗如画。对于这份成果，最高兴的自然就是三毛了。

1978年的元旦前夕，在荷西的人造沙滩上，游客们尽情地欢笑着。大堤旁边，三毛温柔地依偎在丈夫的怀里，陶醉在美丽的风景中。天空绽放着令人眩目的火树银花，元旦前夕的钟声悠扬地敲响了……

荷西兴奋不已。他揽着妻子说："快许十二个愿望，心里跟着钟声说。"

三毛的眼中闪烁着夜空上的烟火，她欢喜地反复重复着十二句同样的话："但愿人长久，但愿人长久，但愿人长久，但愿人长久……"

直到钟声过去，三毛思虑到有些不对劲儿，因为下一句是"千里共婵娟"，她隐约感觉这是一个不吉利的兆头，似乎预示了离别。

"你许了什么愿？"三毛问丈夫。

"不能说出来的，说了就不灵了！"荷西答。

也许是夜色太迷人，也许是夜空的烟花太过绚烂，三毛突然心有所感。她圈住丈夫的脖子，紧紧拥抱着他，许久许久都不肯放手。荷西不清楚妻子为何忽然如此，但他知道三毛本就是一个情感丰富的人。于是他将三毛裹进自己的大衣中，为她抵御风寒，也想让她安心。

三毛含情脉脉地看着荷西。她心中有千言万语，但此时却只是沉默着。

荷西笑笑说："好啦！回去收拾行李，明天清早回家去喽！"

三毛却更加紧紧地抱着荷西，不肯放手，突然失声喊道："但愿永远这样下去，不要有明天了！"

荷西笑着安慰她："当然会永远这样，可是我们要先回家。好了，不要这个样子。"

三毛也知道此时的自己有些神经质了。与荷西相依相偎着，三毛乖乖地往家中走去。

三毛似乎有特异功能，总能预感到未来发生的事情，而她预感的每一件事情最终都应验了。但每一次她都希望自己的预感是错的。此时，她希望自己许下的那个她认为不吉利的愿望只是她的多心。因为很多恋人都许过这个愿望，怎么到他们这里就会不吉利呢？

但是，就是从这个除夕夜开始，他们的人生发生了巨大的变化。

那是一个上午，阳光灿烂，风轻云淡，三毛正在院子里悠闲地浇着花，她非常喜欢侍弄这些花，虽然它们只有短暂的生命，但却尽情地绽放出最美丽的一面。它们义无反顾，用生命绽放出的美丽来点缀这个世界。

三毛正沉浸在这些漂亮的点缀中，忽然有人在外面喊：

"Echo，有荷西的电报。"

三毛迅速跑了过去，也许是出于本能吧，三毛的心急速不安地乱跳着，她预感到要有事发生了。

电报的内容是一件好事，雇主给了荷西一份新的工作，要他以最短时间赶到拉帕尔玛岛报到。

三毛与荷西曾经去过拉帕尔玛岛。那还是一年前，他们去那里旅游。这个岛屿风景美丽，岛上土壤肥沃，植被茂密，宛若世外桃源一般。当然，往往越漂亮的地方，就越隐藏着危险。

在这个岛屿上，荷西与三毛偶遇了一件不寻常的事情，一个突然间不知道从哪窜出来的古怪的女巫，她莫名其妙地扑向了三毛与荷西，揪下了三毛的头发和荷西的胡子。三毛与荷西本能地拼命反抗，但女巫毫不退缩，在做完这些之后，就风似的消失了。

莫名地来，莫名地去。

也许，她是个当地的疯子，因为疯癫而做了这一切。也许她是被岛上常住人所唾弃的，所以才专门捉弄外来人。疯子是可怜的，因为他们已经丧失最基本的人的理智和情感，但他们也是可怕的，因为你永远都想不到他们会做出怎样意想不到的事。

然而，敏感的三毛却没有把她当作是疯子，她感觉这是一个不祥的预兆。

死亡信号

在荷西去拉帕尔玛岛工作一周之后,三毛也去了拉帕尔玛岛。刚到那里,两座大火山就映入眼帘,这让她心情沉重,一种莫名的苦闷缠绕着她,把她所有的轻松和欢乐驱逐得一干二净。接机的荷西接过三毛行李的时候,并没有发觉妻子有什么异常,也没有感受到这些。

"这个岛不对劲儿!"三毛心情低落地说。可是荷西并没有在意她说的话。他已经习惯了妻子的敏感,习惯了她的那些莫名其妙的情绪。而三毛始终纠结在烦闷的预感中,她不清楚往前走的每一步,是走向幸福的人生,还是不幸的黑暗。

荷西在三毛来到拉帕尔玛岛前就预定了住宿的旅馆。在这段时间里,三毛时常做着一个可怕的噩梦。

我仿佛又突然置身在那座空旷的大厦里。我一在那儿,惊惶的感觉便无可名状地淹了上来,没有什么东西要害我,可是那无边无际的惧怕,却是渗透到皮肤里,几乎彻骨。

我并不是一个人,四周围着我的是一群影子似的亲人,知道他们爱我，我却仍是说不出的不安，我感觉到他们，可是看不清谁是谁，其中没有荷西，因为没有他在的感觉。

好似不能与四周的人交谈，我们没有语言，我们只是彼此紧靠着，等着那最后的一刻。

我知道，是要送我走，我们在无名的恐惧里等着别离。我抬头看，看见半空中悬空挂着一个扩音器。我看见它，便有另一个思想像密码似的传递过来——你要上路了。我懂了，可是没有听见声音，一切都是完全安静的。这份死寂更使我惊惶。

没有人推我，我却被一股巨大的力量迫着向前走。

——前面是空的。我怕极了，不能叫喊，步子停不下来，可是每一步都是空的！我拼命向四周张望着，寻找绕着我的亲人。发觉他们却是如影子似的向后退，飘着在远离，慢慢地飘着。那时我更张皇失措了。我一直在问着那巨大无比的"空"——我的箱子呢？我的机票呢？我的钱呢？要去什么地方？要去什么地方嘛！亲人已经远了，他们的脸是平平的一片，没有五官，一片片白蒙蒙的脸。

有声音悄悄地对我说，不是声音，又是一阵密码似的思想传过来——走的只有你。还是管不住自己的步伐。觉着冷，空气稀薄起来了，蒙蒙的浓雾也来了，我喊不出来，可是我是在无声地喊——不要！不要！然后雾消失不见了。我突然面对着一个银灰色的通道，通道的尽头，是一个弧形的洞，总是弧形的。我被吸进去。

接着，我发觉自己孤零零的在一个火车站的门口。一眨眼，我已进去了，站在月台上，那儿挂着明显的阿拉伯字——6号。

那是一个欧洲式的老车站，完全陌生的。

四周有铁轨，隔着我的月台。又有月台，火车在进站，有人上车下车。在我的身边，是三个穿着草绿色制服的兵，肩上缀着长长的小红牌子，其中有一个在抽烟。我一看他们，他们便停止了交谈，专注地望着我，彼此静静地对峙着。

又是觉着冷，没有行李，不知要去哪里，也不知置身何处。视线里是个热闹的车站，可是总也听不见声音。

又是那股抑郁的力量压了上来，要我上车去，我非常怕，顺从地踏上了停着的列车，一点也不敢挣扎。

——时候到了，要送人走。我又惊骇地从高处看见自己，挂在火车踏板的把手上，穿着一件白衣服，蓝长裤，头发乱飞着，好似在找什么人。我甚而与另一个自己对望着，看进了自己的眼睛里去。

接着我又跌回到躯体里。那时，火车也慢慢地开动了。我看见一个红衣女子向我跑过来，她一直向我挥手，我看到了她，便突然叫了起来——救命！救命！已是喊得声嘶力竭了，她却像是听不见似的，只是笑吟吟地站住了，一任火车将我载走。

"天啊！"我急得要哭了出来，仍是期望这个没有见过的女子能救我。这时，她却清清楚楚地对我讲了一句中国话。她听不见我，我却清晰地听见了她，讲的是中国话。整个情景中，只听见过她清脆的声音，明明是中国话的，而我的日常生活中是不用中国话的啊！风吹得紧了，我飘浮起来，我紧紧地抱住车厢外的扶手，玻璃窗里望去，那三个兵指着我在笑。他们脸上笑得那么厉害，可是又听不见声音。

接着我被快速地带进了一幽暗的隧道，我还挂在车厢外飘着，我便醒了过来。

这是一个恐怖的梦，仿若一个命运的预言，死亡通知，又仿若神话故事中的灵魂列车般让人不寒而栗。

敏感的三毛似乎陷入了无尽地噩梦之中，她反复地思考着要死了，就要死了。那个莫名的世界，那个没有热、没有光、没有生命气息的世界正张开怀抱迎接着她。这样的思考或许也是一种咒语，将三毛钉在了走向死亡的道路。

于是三毛的心中有了结论：拉帕尔玛——死亡之岛。

她觉得在这个岛屿多待上一天，她就愈加接近死亡。

敏感的三毛预知自己即将死去，于是倍加珍惜与荷西在一起的每一分时光。清晨，当荷西去上班，她就去菜市场买菜。三毛不愿意独自在家中面对空空的房间。白天的时间里，她时常骑着单车到荷西工作的地方。而每次荷西的助手看到三毛时，就会开心地给水底作业的荷西发信号，然后荷西会潜出水面来朝三毛笑笑。

然后他们并坐在一起，分享三毛刚刚买来的水果。阳光、海浪、沙滩，如此美好的场景，即使下一刻就死去，也会死而无憾吧！吃过东西之后，荷西就要返回自己的岗位上继续工作。而三毛会坐在沙滩上呆呆地望着海水，就在那海面下自己的丈夫此刻正在努力工作着。

有一日，三毛并没有像往常一样去送水果，荷西想肯定是发生了什么事，不然三毛是不会无缘无故就不来的。他连潜水衣也没来得及换就急匆匆地开着车回家了。回到家中，他看到三毛忍受着病痛躺在床上。

荷西焦急万分，他想减轻妻子的痛苦，但是却又不知道该如何做。他真想替妻子承受这一切。

荷西愿意为三毛承受一切,包括生活的凄苦和身体的病痛,甚至也包括死亡。

这个时候,三毛想起了自己多日以来的预感,并把它告诉了荷西。三毛说自己也许即将离他而去了。

"荷西,"三毛说,"如果我死了,你一定要答应我再娶一个温柔些的女孩子,听见没有?"

荷西半开玩笑地说:"你最近真是神经质了,不跟你说了,要是你死了,我一把火把家烧掉,然后上船去漂到老死。"

这一次,也许荷西只是在安慰三毛,也许荷西已经注意到了三毛刚提到的预感,也许……他已经在心中默默向上帝祷告,无论三毛遇到怎样的事情,都由他来代替。

或许三毛的预感是真的。在这个死亡之岛上,死的人真的应该是三毛,然而,最终却是荷西永远离开了。这或许有一种解释,那就是荷西太爱三毛,他代替三毛承受了死亡的诅咒。

天 人 永 隔

和天下所有的眷侣一样，三毛和荷西也希望能够一路相扶，相守到白头，然而他们又与其他人不一样，他们不贪恋安宁，他们与平庸对抗。

就在三毛努力地试图平复心情，试着让思想安静下来的时候，似乎又有一场诅咒悄然而至。一本杂志向三毛约稿，题目是《假如你只有三个月可活，你要怎么办？》看着这些文字，三毛的心里一阵绞痛。

荷西似乎看出了三毛情绪不对，于是关切地问她究竟怎么了，是不是遇到了什么难题。三毛便将其中的缘由都告诉了荷西。听后，荷西叫三毛不要理会这个不吉利的题目。他说："我们要一直在一起，要到你很老，我也很老，两个人都走不动也扶不动了，穿上干干净净的衣服，一起躺在床上，闭上眼睛说：'好吧！一起去吧！'"说着说着，荷西的眼睛里泛出了泪光。三毛急忙安慰道："傻子啊！我不肯死，因为我还要替你做饺子。"说完，她就跑去厨房做饺子了，可转身的瞬间早已泪流满面。

三毛终究没有接下那家杂志的约稿。不仅如此，她甚至还中断了所有的写作。因为她发现不知从什么时候起,每当自己熬夜写作时,荷西都会在一旁陪伴,或者看着远方的夜色,或者看着三毛发呆,眼神里满满的都是爱意,甚至还有不舍。足足十个月,三毛没有再接受任何约稿。

停止了写作,三毛却依然被噩梦困扰,她愈发害怕失去荷西。无数个梦境似乎都在预示着可能发生的一切。三毛感觉到周身发冷,她甚至觉得那个潜意识里的可怕的念头,那些梦境中预示的可怕事情,一定会发生。

常常从梦中惊醒的三毛,总是急急地望向荷西,看看他是不是在自己身边。她让自己更靠近荷西,直到感觉到他就在自己的耳畔呼吸,她才会感觉安稳些。而感觉到三毛靠近的荷西,睁开蒙眬的睡眼,看着三毛,不知道三毛怎么了。

"荷西,我爱你。"三毛流着泪说道。

荷西无限怜爱地将三毛揽入怀中,"我早已爱上了你。"十几年的感情终究得到了三毛肯定的回应,只要两颗心相通,不算晚。

三毛是个奇怪的女子,她早已接受了那些命运在冥冥中的预示,只是她仅仅猜到了开头,却没有猜中结局。三毛一直以为那个要死去的人是自己,所以她偷偷地把遗嘱都立好了,还去公证处做了公证。

荷西在三毛生日的时候,送给她一只老式的罗马数字手表,他说:"以后的每一分、每一秒你都不能忘掉我,让这只表来替你数。"荷西说了一句看来不祥的话。

1979年秋,陈嗣庆夫妇计划远足欧洲,顺路看看远方的女儿女婿。父母来欧,三毛视为头等大事。得到消息的三毛早早地就开始准备。她希望荷西能像她一样叫自己的父母为"爸爸""妈妈"。然而,西班牙的习俗却是直呼某某先生、某某太太。对于三毛的要求,荷西显得颇为无奈,直到陈嗣庆夫妇到了,他仍然叫不出"爸爸""妈妈"。三毛无奈,也就不再勉强。

一天,三毛和往常一样在洗碗筷,听到荷西与父亲在书房的对话:"爸爸,你叫 Echo 准许我买摩托车好不好?我一直很想要一辆摩托车,但 Echo 说要经过她批准才行。"三毛的眼泪便再也忍不住了,她深深地明白,荷西肯这样叫出"爸爸",都是源于对自己深深的爱。

两年后,三毛在一次接受采访时,这样说道:

如果以我十八岁的时候,我绝对不会嫁给他,我会认为他肤浅,因为我自己肤浅。今天我长大了,我就不会再嫁给我初恋的人,因为荷西比那个人更有风度,而且是看不出来的风度与智慧。

虽然荷西的名字在台湾已经被很多人所熟知,但是陈嗣庆夫妇还是头一回看到他们的女婿。陈嗣庆夫妇在这里住了约一个月,他们从心里喜欢这个厚道的女婿。他和女儿兴趣相投,一样的浪漫无涯。

多年后,陈嗣庆在致三毛的一封信中这样评价:

在一个普通而安适的环境里,你们这种族类,却可以把日子搞得甚富情趣,也可以无风起浪,演出你们的内心突破剧,不甘庸庸碌碌度日子,自甘把自己走向大化。我不知,到底这是太爱生命,还是什么旁的东西。对于你的未来,我没法给你什么建议。为父的我,无非望你健康快乐。而今你已走到这大彻大悟的空间里,我相信以后的日子你自会顺其自然地过下去。

他还说,倘若将人类分成三种——等死型、怕死型、找死型,那么,他的二女儿和二女婿,都属于第三种。

一个月后,陈嗣庆夫妇打算到英国旅游,三毛也要一同前往。于是,荷西到机场为他们送行,一路上他们说笑个不停。荷西嘱咐三毛要早点回来,他会想她的。三毛点头应允。看着他们登上飞机后,荷西仍没有离去,而是跑向高处,拼命地冲飞机挥手。这时,三毛的脑子里突然闪过一句话,那句在梦里的话:"再见了,你要乖乖的。"她如过电一样,浑身充满了异样的不安。

"那是你的丈夫吗?"三毛身边的一位中年妇女问道。

三毛笑着点点头,两个人便开始聊了起来。原来对方是去伦敦看望孩子的,丈夫在几年前已经去世了。说完,那个妇女从口袋里掏出了一张名片递给三毛,上面赫然写着:"某某的未亡人。"这是西班牙的风俗,丈夫去世后,妻子要在自己的名片上标注上这一句话。

"某某的未亡人",不过是几个普通的字眼,却在瞬间刺痛了三毛的心。

果然,几日后,坏消息传来。

一日,荷西闲来无事,像往常一样到海边捕鱼散心。可是,这次他潜入海底便再没有浮出水面。闻听噩耗的三毛和父母火速赶回。三毛一边托人在海里寻找荷西,一边整夜祷告,祈求上帝让她失踪的丈夫回家。

我说上帝，我用所有的忏悔，向你换回荷西，哪怕手断了、脸丑了，都无所谓，一定要把我的荷西还给我。陪我的西班牙老太太告诉我，她看着我的头发一夜间，一点点的都白了。

然而，没有人回答她的呼救，也无人回应她的祈祷，除了大海不息的浪潮。两天后，荷西的尸体被打捞上来。由于被海水泡了两天，荷西的尸体已经变形，脸部非常难看。陈嗣庆极力阻止女儿去看荷西的遗容，但三毛还是不顾一切地扑了上去。她跪在海滩上，凄惨地喊叫着荷西的名字，放声大哭。这时，荷西的伤口，突然流出了鲜血，三毛认为那是爱人的眼泪。

自此，三毛失去了荷西，这一年她三十四岁，荷西才三十岁。他还没有来得及给心爱的妻子留下遗言。

入夜后，闻讯赶来的朋友们为荷西守灵。但几度哭至昏厥的三毛却执意不肯。

我不能忍受在他孤独时，有那么多人在我身边陪着他，我要那些朋友暂在外边，我要陪他度过一段时光。荷西睡觉，喜欢牵着我的手，有时半夜翻了身，还到处找我的手。我轻轻抚摸着，仿佛看见覆在荷西身上的床单，一起一伏，荷西在呼吸，荷西没有死。我大声地叫着，他没有死……

然而，事实就是这样：荷西真的死了。

三毛几乎陷入了半疯的状态，她不停地对着荷西的遗体自言自语：

你不要害怕，一直往前走，你会看到黑暗的隧道，走过去就是白光，那是神灵来接你了。我现在有父母在，不能跟你走，你先去等我。

荷西葬礼的前一天，三毛独自来到墓园。

我要独自把坟挖好，一铲一铲的泥土和着我的泪水，心里想，荷西死在他另一个情人的怀抱里——大海，应也无憾了。

第二天，荷西被放进朋友们为他合买的棺材里，一同被钉进棺材的还有三毛的心。三毛一边痛哭着，一边苦笑着，三毛想着："感谢上天，今日活的是我，痛着的也是我。如果叫荷西来忍受这一分钟又一分钟的长夜，那我是万万不肯的。幸好这些都没有轮到他。要是他像我这样地活下去，那么我拼了命也要跟上帝争了回来换他。"

下葬那一刻，三毛发了疯一般痛哭着，这一生的泪水似乎都要在此刻流尽了。她痛得不能自已，甚至想随荷西一同去了。父母拼命将她拉住，阻止她做出疯狂的举动。葬礼差点因为三毛而无法顺利进行。然而，终于，一切都结束了。

葬礼之后，三毛被注射了镇静剂，躺在床上，她用仅存的一点意念仍然喊着：“荷西回来！荷西回来！”

最后，她来到木匠店里，请一位老工人给荷西的坟做一个十字架，那是她自己设计的。

老人用上好的木料,为她做好了一切。墓志铭上,刻着三毛亲拟的铭文:

荷西·马利安·葛罗。安息。你的妻子纪念你。

她一个人把沉重的十字架和木栅栏搬到荷西的坟前。她用手挖开黄土,搬来石块,钉好木栏……这一切,三毛只愿意一个人默默地去做。黄土里、木栏上,都沾上了她的血和泪,三毛亲手筑好了爱人的墓园。

无法愈合的伤

荷西的离世于三毛来说，是一道永远无法愈合的伤，它渗透到了三毛身体的每一寸肌理、每一个细胞，时时刻刻都在剧烈地撕扯着她几近崩溃的灵魂。这是三毛的生命中最痛苦、最深刻、最永久的一道伤。

陈嗣庆夫妇知道三毛再在这里待下去，只会变得更加疯狂，或者变回当年那个在阁楼里拒绝所有人的自闭的小女孩。于是，他们劝说三毛与他们一同回台湾。三毛答应了。临行前，她到丈夫的坟上道别。

结婚以前，在塞戈维亚的雪地里，已经换过了心，你带去的那颗是我的，我身上的，是你。埋下去的，是你，也是我。走了的，是我们。我拿出缝好的小白布口袋来，黑丝带里，系上了一握你坟上的黄土。跟我走吧，我爱的人！跟着我是否才叫真正安息呢？我替你再度整理了一下满瓶的鲜花，血似的深红的玫瑰。

我最后一次亲吻了你，荷西，给我勇气，放掉你大步走开吧！我背着你狂奔而去，跑了一大段路，忍不住停下来回首，我再度向你跑回去，扑倒在你的身上痛哭。我爱的人，不忍留下你一个人在黑暗里，在那个地方，又到了哪儿去握你的手安睡？我趴在地上哭着开始挖土，让我再将十指挖出鲜血，将你挖出来，再抱你一次，抱到我们一起烂成白骨吧！那时候，我被哭泣着的父母带走了。我不敢挣扎，只是全身发抖，泪如血涌。最后回首的那一眼，阳光下的十字架亮着新漆。你，没有一次告别的话留给我。那个十字架，是你背，也是我背。不到再相见的日子，我知道，我们不会放下。

沉浸在悲痛中的三毛终于在某天与父母聊天时，透露了想自杀的念头。她不知道还有什么力量能够支撑她继续活下去。母亲一阵痛哭，连那些安慰的话都说不出来，父亲则激动得难以自控。

虽然预知死期是我喜欢的一种生命结束的方式，可是我仍然拒绝死亡。在这世上有三个与我个人死亡牢牢相连的生命，那便是父亲、母亲，还有荷西。如果他们其中的任何一个在世上还活着一日，我便不可以死，连神也不能将我拿去，因为我不肯，而神也明白。

前一阵在深夜里与父母谈话，我突然说："如果选择了自己结束生命的这条路，你们也要想得明白，因为在我，那将是一个更幸福的归宿。"

母亲听了这话，眼泪迸了出来，她不敢说一句刺激我的话，只是一遍又一遍喃喃地说:"你再试试,再试试活下去,不是不给你选择,可是请求你再试一次。"

父亲便不同了。他坐在黯淡的灯光下,语气几乎已经失去了控制,他说:"你讲这样无情的话,便是叫爸爸生活在地狱里,因为你今天既然已经说了出来,使我,这个做父亲的人,日日要活在恐惧里,不晓得哪一天,我会突然失去我的女儿。如果你敢做出这样毁灭自己生命的事情,那么你便是我的仇人,我不但今生要与你为仇,我世世代代都要与你为仇,因为是——你,杀死了我最最心爱的女儿。"

这时,我的泪水瀑布似的流了出来。我坐在床上,不能回答父亲一个字。房间里一片死寂,然后父亲站了起来慢慢地走出去。母亲的脸,在我的泪光中看过去,好似静静地在抽筋。

苍天在上,我必是疯狂了才会对父母说出那样的话来。

我又一次明白了,我的生命在爱我的人心中是那么的重要,我的念头,使得经过了那么多沧桑和人生的父母几乎崩溃。在女儿的面前,他们是不肯设防的,让我一次又一次地刺伤,而我,好似只有在丈夫的面前才会那个样子。

三毛还是每天都会想荷西,这种痛苦的思念让她几乎吃不下饭,睡不着觉,甚至几次昏厥。母亲心疼女儿,苦苦地劝她进一些流食,三毛仍然不肯。

她的那些读者和朋友们也纷纷向三毛致电表达安慰。其中就有皇冠出版社出版人平鑫涛和作家琼瑶夫妇。他们在听闻荷西去世的噩耗时,第一时间给三毛发电:"Echo,我们也痛,为你流泪，回来吧，台湾等你，我们爱你。"

三毛很早以前就知道琼瑶了，那时她正困在自闭的牢笼里，每天只对文学有兴趣，每天为了读琼瑶的《烟雨濛濛》的连载，傍晚她都蹲在家中等待报纸的到来。后来，琼瑶在读了三毛在撒哈拉的一系列故事后，被三毛与荷西的爱情故事感动。只有懂爱的人、爱过的人才能体会三毛夫妇的爱情有多么浪漫和真挚。

这次，三毛回到台湾，是带着痛失爱人的孤独归来的。琼瑶及时地伸出了救援之手。三毛来到琼瑶家中，她们谈了七个多小时。后来，三毛回忆起那次夜谈时说：

自从在一夕间家破人亡之后，不可能吃饭菜，只能因为母亲的哀求，喝下不情愿的流汁。那时候，在跟你僵持了七个小时之后，体力崩溃了，我只想你放我回家，我觉得你太残忍，迫得我点了一个轻微的头。

琼瑶以这种近乎磨人的方式终于得到了三毛要坚持好好活下去的承诺，同时还要求她回到家亲口对母亲说一遍："我不自杀。"而当三毛刚刚迈进家门，琼瑶的电话就来了，她追问三毛有没有告诉母亲。

琼瑶的用心良苦终究是收到了效果，三毛到底没有自杀。她还有爱着她的父母。如今他们都不再年轻，她如何抛得下他们，自己一走了之呢？

荷西走了，他在情人的怀抱里长眠，留下三毛一人独自面对生活，这让人想起了李商隐当年写下的《锦瑟》：

锦瑟无端五十弦，一弦一柱思华年。
庄生晓梦迷蝴蝶，望帝春心托杜鹃。
沧海月明珠有泪，蓝田日暖玉生烟。
此情可待成追忆，只是当时已惘然。

第八章　万水千山走遍

我的朋友，我可以告诉你，我是走了，回到我的家里去。在那儿，有海，有空茫的天，还有那永远吹拂着大风的哀愁海滩。再没有鬼哭神号的事情了。最坏的已经来过，再也没有什么。我的朋友，我想问你一句问过的话："有谁，在这个世界不是孤单地生不是孤单地死？"夜来了，我拉上窗帘，将自己锁在屋内，是最安全的，不再出去看黑夜里的满天的繁星了。因为我知道，在任何一个星座上，都找不到我心里呼叫的名字。

独自漂泊

荷西永远地离开了，尽管痛不欲生的三毛在家人和朋友的劝阻和帮助下最终放弃了自杀的念头，她仍需要寻找一种方式让自己减轻悲伤的疼痛。

那就是流浪，独自一个人漂泊。

火车一站又一站地奔向远方，身边不停地换着陌生人，三毛独自在火车上飘摇，窗外的绿意，在细雨中显得如此孤寂。车厢里，三五成群，或朋友之间窃窃私语，或亲人之间细语低笑，或恋人之间相互依偎。三毛感受着周围的这一切，感觉自己更加孤寂了。墓园，这个小时候三毛最喜欢玩乐的地方，等她长大后却也夺走了三毛的幸福。

1980年春，在一片喧闹的苍绿中，三毛启程前往东南亚。

沙滩、小岛、醉人的阳光，这是一个疗伤的好去处。三毛在这里将思念和哀伤渐渐沉淀，她开始让虚弱的心灵在阳光下晾晒。她张开双臂，迎向那灿烂的骄阳。她在心里默默地念着："荷西，我们一起来洗个日光浴吧。"

在旅途中，三毛对泰国的印象最深。

那次在泰国海滩上被汽艇一拖，猛然像风筝似的给送上了青天。身后扎着降落伞，涨满的风，倒像是一面彩色的帆，这一飞飞到海上，心中的泪滴出血似的痛。死了之后，灵魂大概就有这种在飞的感觉吧？

后来，她又去了香港，与她一起旅行的摄影家水禾田回忆道：

车子在山径上跑，九曲十三弯地开往浅小弯酒店，车厢里收音机正播着《橄榄树》，虽然风靡台湾和香港，但你从未认真地欣赏，我们竟齐齐合唱起来……

唱着《橄榄树》，看着路边掠过的风景，三毛的脑海里是谁的影子？是荷西，还是自己？

只是，此时的三毛已经是一个名人了，无论走到哪里，都有人在关注她。而三毛不喜欢这样，她希望自己有一个安静的空间。所以，在游玩一遍之后，她决定回到大加那利岛，那个承载了她与丈夫荷西的许多爱情故事的地方。

1980年，三毛离开了台湾，这也是她一生中第四次自台湾去西班牙。几年前，失业在家的荷西，每天都在海边盼她归来。如今，荷西已经不在了，等待她的，只有空寂的屋子和屋外漂泊的海船。

这次漫长的路途，足足耽搁了近一个月，直到月底，三毛才结束了这一次漫长的旅行。

三毛先后去了瑞士、意大利、奥地利和马德里等地，仿佛要在离开之前好好看看这个世界。

她的首站是瑞士。三毛在台湾桃园机场，泪眼模糊地与亲人告别。然后仿佛在梦中一样，独自通过长长的走廊，接着登上飞机。到达瑞士后，她又乘坐火车到洛桑看望好友。几天后，三毛又去了意大利的佛罗伦萨畅游一个星期，然而返回洛桑，再去阿根廷去看望老邻居奥托。

一到车站，三毛不由得吸了一口凉气。这座古典风格的车站，居然就是曾经在噩梦中出现的车站！而那日上车时，三毛还立刻发现站台上醒目的阿拉伯数字——6。

再一次与梦境不谋而合。送行的法国女友，居然真的说了一句中国话："再见了！要乖乖的呀！"更让三毛感到不可思议的是：在车厢里，居然真的有三个士兵，穿着草绿色的制服，肩上缀着红牌子，冲她微笑……

这段听上去不可思议的经历，没有人能够理解，也许连三毛自己都说不清楚。

奥托的女儿歌妮和儿子安德烈·阿道巴塞尔迎接三毛，歌妮的男朋友也来了，他就是在"小瑞典"可爱的邻居——达尼埃，《稻草人手记》中的那个巨人男孩。那天晚上，壁炉里火光通红。奥托夫妇挽留三毛在这里度过后半生。三毛谢绝了。

达尼埃了解三毛喜欢旅游，于是，三个年轻人拉着她，在法国周游了一圈。大加那利海边的那个和三毛一样喜欢拾荒的希伯尔也来了。他告诉三毛，就在一个月前，他在报纸上看到她被新加坡热情的读者围着，被挤来挤去，心里很是难过。希伯尔也是个喜欢安静的人，他邀请三毛到家里坐坐，他让三毛在自己拾到的宝藏里选一件年代久远的宝贝作为纪念。

三毛不想见太多的朋友,晚上就向奥托一家辞行,飞往堂哥懋良所在的奥地利维也纳。二十年前,寄住在三毛家里的懋良破釜沉舟,撕掉学生证,向三毛的父亲要求离开学校,学习自己喜欢的音乐。而当年懋良送给她一些毕加索等人的画册,无意之间让表妹恋了毕加索好几年。

如今,这两个被视为当时陈家的两个另类的人在维也纳相见,真是有说不尽的话。懋良已成家立业,如今如愿成为一个音乐家。三毛带了几只撒哈拉威人的石鸟,送给堂哥、堂嫂。堂嫂则教会了她泡鸡蛋。

维也纳的后一站,是马德里。这也是三毛最没有兴趣,却不得不来的一站。没有了荷西,她更没有兴趣去看望那个令人厌恶的婆婆。但她又不得不去。因为那里还有荷西的亲人,还有一些遗产事宜要处理。途经巴塞罗那时,三毛临时决定停留一天。她想拖一天,晚去一天是一天。她觉得那里没有真正盼她去的人。她去巴塞罗那的游乐场里,一圈一圈地坐着旋转木马;坐吊车让凛冽的寒风将手中的红色棉花糖乱吹……

三毛对这里并不陌生。八年前的一个雪夜,她从马德里坐火车,和热爱艺术的"嬉皮"朋友夏米叶等人一起过圣诞。夏米叶是荷西的二哥,也是三毛的好朋友。那时,三毛是个浪漫疯玩的都市单身女子,而背后总是跟着她的尾巴——荷西。圣诞过后,荷西和三毛在雪地里,同夏米叶挥别。第二年三毛和荷西在撒哈拉结婚,成了一家人,她和夏米叶反倒失去了那份亲密,只有他们俩当年借一个婴儿拍的"全家福",作为他们友谊的纪念。

三毛认为婆家没有盼望她的人,实在是冤枉了夏米叶和小姑子伊斯蒂。伊斯蒂当年是三毛和荷西的红娘,没有她,三毛也不会给荷西写那封信。

没有了荷西的三毛,放弃了鲜活靓丽的装扮,一身黑衣裹身,这回看到三毛,她极力劝说嫂子脱掉黑色丧服,像哥哥活着时那样,穿上七彩春装,变回那个以前的三毛。在公婆与三毛争执财产的时候,伊斯蒂坚决站在三毛一边。她爱三毛,不惜吃里爬外。夏米叶还和当年一样有艺术家气质。他买来一束很大很红的玫瑰,还帮助三毛偷走荷西的相册——那是婆婆看得很紧的宝物。后来,夏米叶还到岛上去看望三毛。在夕阳的余晖里,他们坐在海滩上,夏米叶一边给三毛穿珠子项链,一边静静地诉说弟弟童年的趣事。

孀居生活

自1980年5月自台北归来,至1981年夏,三毛在荒芜的大加那利岛孤独地隐居了一年多的时间。当年重庆黄角桠那个在荒坟边玩耍的女孩,在经过少女时代感情自闭的生活,特别是后来一场婚姻悲剧之后,她性情的孤僻更加严重了。

她酷爱这份孤独与寂静,因为它们,是心灵最安全的城堡。这片离城十多千米的海边社区,住着一群静度余生的老人,还有年仅三十五岁、名扬东南亚的女作家三毛。到过这里的人,对三毛隐居的环境,都会留下深刻的印象。

一个纯白色的住宅面对着艳阳下的大西洋静静地呈现在眼前……那亦是一个奇异的海滩。大加那利岛南部的海沙是浅米色而柔软的,而我眼前的这个海湾却满是近乎黑色的沙石。远处各种峥嵘的礁岩与冲击的巨浪使人想起《珍妮的画像》那部电影里的镜头。这是一个咆哮的海滩,即使在如此明亮的阳光下,它仍是雄壮而愤怒的。奇怪的是,我在那儿坐了近乎两小时,竟然连一个人影都未看见。

三毛家的后院有一个细草秆铺成的凉亭，地是砖的，凉亭里设有座椅，有的是可坐人的大树根，一大段方木头，一个从海边捡来的废船上的厚重方形压舱盖，当桌子用。

居室很美，是一幢小巧的西班牙式建筑。客厅正中间有一面大窗，挂着米色的窗帘，显得很暗；地上铺着黄色地毯；老式的碎花沙发上，放着许多靠垫；古雅的白色台布罩着老式圆茶几；藤做的灯罩吊得很低；一排很大的书架，几乎占满一面墙；一套雕花木餐桌和椅子，搁在沙发对面；房间的右手，又是一排书架；架边有一个拱形的圆门，通向另外一个明亮的客厅。客厅完全粉刷成白色。还有细藤的家具、竹帘子。古式的大加那利群岛的"石水漏"放在一个美丽非凡的高木架上，藤椅上是红白相间的布坐垫，上靠两个全是碎布凑出来的布娃娃。墙上挂着生锈的一大串牛铃——一种非洲的乐器。

屋梁是一道道棕黑色的原木，数不清的盆景，错落有致地吊着、放着。地毯是草编的，一个彩色斑斓的旧画架靠在墙边。最引人注目的摆设是书架上两张放大的照片：一张是荷西的单人照，穿着潜水衣，神态英俊逼人；另一张是他们夫妻的合照。都是黑白的。照片前面，插着几朵淡红色的康乃馨。后来，三毛卖掉了这所房子，在附近买了一座两层小楼宅院。院内一半是草地，一半是砖。当路是一棵高大的相思树，枝丫重重叠叠地垂到腰际，缠绵着。

新客厅最合三毛的口味：顺手将窗帘拉开，一幅海景便画似的镶在她的房间里面了。那是天，是水，是虚无缥缈，是千千万万世上的人想要的居所。它是一个梦。窗前放一把褐色的摇椅。三毛说，在满天星辰的晚上，她喜欢打开温暖的落地灯，拿出口琴,在摇椅上轻轻地吹《甜蜜的家庭》——那是她最喜爱的歌曲。

站在大加那利荒美哀愁的海滩上,目送漂泊的海船,拉芭玛岛就在对面,远眺可及。

那座岛,是一座死亡之岛。深蓝的火山和神秘的巫婆,是三毛永远忘不了的苦难记忆。她的丈夫荷西就长眠在那个岛上,一座安静的坟墓里。

1980年6月,三毛飞到拉芭玛岛,为荷西扫墓。虽然时隔不到一年,坟墓却变化很大:"冲到你的墓前,惊见墓木已拱,十字架旧得有若朽木,你的名字,也淡得看不出是谁了。"

三毛买来了笔和淡棕色的亮光漆,将荷西的墓志铭,一笔一笔地重新填好"荷西·马利安·葛罗。安息。你的妻子纪念你。"然后,她一遍又一遍地将十字架和木栅栏刷新。

每来一次拉芭玛,三毛都感到死了一次似的,不堪悲伤。"可是每去坟上坐下,便是要痛疯,他在水中捞起来的样子当初不该看的,而今一想便是要痛死。"隐居的心灵并不寂寞。对荷西的怀念,占据了她全部的情怀,再容不下其他男子的爱情。

一位已婚的男友,常到三毛家来。在温柔的暮色里,陪三毛散步于海滩。有一次男友动情地回忆起初见她的情景:白色棉布裙,普通凉鞋,款款步入珠光宝气的酒会时,如同吹来一股清新的风。最后,他终于向三毛求婚。他说,他愿意放弃所有的财产,和妻子离婚。三毛无语。

令这位男士意想不到的是,几天之后,三毛突然来到他家造访。从对方妻子的口中,三毛发现,这是一个非常幸福的家庭。

那男友下了班回家，看见三毛来了，吓得脸色煞白。场面非常尴尬。

三毛评论此事说："我很清楚，当男人有外遇时，都会千篇一律地对另外一个女人说：'我跟我太太是因为年轻一时糊涂才结婚的。如今因为孩子才貌合神离地勉强在一起。直到遇到你，我的人生才有意义。'我遇到的这个男人正是如此。"

比这位男友更不幸的是台湾作家西沙，为了一片真爱，他千里迢迢，从英国往大加那利跑了两趟，但两次均遭到三毛的冷遇。她还近乎侮辱性地告诉对方：他寄来的请她去英国旅游的机票，她去取了，不过，那不是因为要去英国，而是为了退票领钱。

这样对追求者不友好，在三毛的人生中，是仅有的几次。西沙是颗文学种子，他用一支忧伤的笔，写下了《在风里飘扬的日子》和《童话》两篇纪实散文，叙述了他和三毛交往的经过。

像西沙那样遭到三毛冷遇的客人是不多见的。一位女友，原来要到大加那利来看她，后来不能成行。三毛便急急地写信去解释。

我又在多心，是不是那个西沙的文章在报上刊了出来？其中有一段话，说我不喜欢外人来家里……这段话伤到了你不肯来？那是对西沙说的，他不是朋友，我甚至有些讨厌他，当然那么讲，可是你，我们是知心的。

她的好友丘彦明来看她时，受到她非常热情的接待。与西沙比较，真是别若霄壤。她去机场接机，沿途买了一大束鲜花，为彦明布置房间。黄昏时,相依窗前,唱起怀念荷西的恋歌。后来,她开车带彦明游海岛,一直开到北部小镇 Terror,和与撒哈拉隔海相对的 Maspolomas,还陪她飞到拉芭玛岛,游览如同春雨江南的绿野。彦明临别,她一再地挽留,送她到马德里才算罢手。没有朋友来访的日子,三毛就把精力投入到修饰房间和整理庭院上。搬入小楼的时候,一切活计都由她自己动手。过去荷西做的,现在都得她自己干了,连电线都是由她自己来接。有时因为太累,她会在空空的房间里放声大哭起来,喊叫着:"荷西,荷西,我再不能了。"有一阵子洗地,手肿得睡不着,她就将手伸进油里,以减轻疼痛。

  偶然,她还出去打猎、旅游和宿营。只是没有了荷西,她的兴致大大减少。1980 年夏,她和三个乡下的男友上山宿营。由于夜里胃痛,她竟不辞而别,独自开车压着月光回到了家里。

南美之行

人这种动物其实是很脆弱的,正如《圣经》里的人常常被比作芦苇和羔羊。三毛也是一样。在隐居了一年后,将悲伤与思念暂存在记忆,准备收拾行李回台湾,她想念家人了。或许此时的三毛已经意识到,父母之爱才是永远的"乡愁"。

1981年5月,中国台湾新闻局驻马德里代表刘先生给三毛打来个长途电话,邀请她参加中国台湾1981年度广播电视"金钟奖"颁奖典礼。虽然三毛并没有答应,但放下电话的她却犹豫了:"放下了电话,我的心绪一直不能平静,向国际台要接了台湾的家人。本是要与父母商议的,一听母亲声音传来,竟然脱口而出:'妈妈,我要回家了。'"

此番回到台湾,三毛仍旧是同样的步调:先是纵情享受人间亲情温暖;之后,便被喧嚣所累,追求片刻安宁;最后,终于逃之夭夭。

哲学家叔本华说:"人生,真如一个钟摆!"三毛当时已经是台湾有名的畅销作家和"青春偶像",她躲不开那些热烈的欢迎场面。三毛曾自嘲说:"回到台北不过三四天,一本陌生的记事本都因为电话的无孔不入而被填满到了一个月以后还没有在家吃一顿饭的空当。"

人称三毛是台北的"小太阳",这并不夸张。那些少男少女的狂热爱戴,让本不太热的 6 月也变得炙热。从作家应未迟对当时在静宜女子文理学院举办的"巡回文艺讲座"的记述便可见一斑。

女学生一见三毛,立即前呼后拥,团团围住,对她端详,和她攀谈,找她签名,只差没有像外国人见了大明星一样,将衣服撕成碎片,带回去做纪念品……散会之后,同学们便将三毛包围起来,问东问西,久久不去。平日道貌岸然的院长郭树藩神父,也只好连声说:"今天大赦一次。"最后总算突围而出,同学们还在不断向三毛大呼"再见"。

三毛并不反感这种红尘盛名,然而却无法全身心投入。时间久了,她便有些招架不住了。原来她曾希望自己能够离人间最真实的部分近一些,却不知那就在这一饭一笑之中。如今她懂得了,却在盛名之下疲惫不已。她渴望在薄薄的暮色里,在台北中山纪念馆的广场上滑旱冰;在台北的夜市拥挤人群中,吃着最普通的爱玉冰。

终于,她发现最好的藏身之处还是家里。一次,父母与老朋友们出去旅行,三毛不愿同去,等父母走后,她便将门层层锁上,将自己封闭起来。她一个人安静地在家一边做针线,一边回忆往事,"然后我发觉这幢里面打通的公寓已成了一座古堡,南京东路四段里一座城堡。我,一个人像 16 世纪的鬼似的在里面悄悄地坐着啃指甲"。

　　当然，在这城堡之外，她也有自己的收获。她又结交了许多笔墨同行和知名人士。体育界名人纪政便是其中一个被三毛珍视的朋友。

　　她们在一场饭局中相识，并成为挚友。后来，纪政回忆说：

　　那天我们发现彼此不只年龄相近，并且都是 3 月出生，最妙的是我鼻子过敏，受了十七年的折磨，每次呼吸困难就得借助一种喷剂解救，而三毛以前的情形竟和我一模一样。我们又都不约而同地称那种药叫"Mylife"。这些巧合，谈起来两人相顾失笑。

　　而纪政便是成全三毛南美之行的人。

　　纪政得知三毛久有旅游南美的愿望，于是带她到《联合报》社找负责人王惕吾。在纪政的引荐下，王先生爽快地答应全部费用由他们负责，还特意派了一个美籍摄影师同行，做三毛的助手。

　　于是，1981 年 11 月，在《联合报》的资助下，三毛与这家报社的美籍摄影师一起从台北起程，经北美飞抵墨西哥，开始了梦想中的南美洲旅行。

　　十年前，她曾在美国的芝加哥度过了一年半工半读的生活，但对南美洲却并不了解。对于三毛来说，那是一块陌生而新奇的全新世界。三毛还有一个古怪的想法，她相信生命轮回之说，她一直认为自己就是印第安人转世而来的。之所以会产生这种念头，或许与其长期的沙漠经历有关吧。确实有些人觉得她像一个印第安人，三毛也很喜欢别人这样说她。

第一站是墨西哥。墨西哥并不是印第安人聚居的地方，三毛对这里的印象也很一般，尤其是她的一个叫约根的朋友的豪华招待，她对参观博物馆和逛街景，甚至参观金字塔、爪达路沛教堂都没有什么兴趣。而奢侈且放荡的酒宴，更让她感觉无聊，她称之为"大蜥蜴之夜"："这种气氛仍是邪气而美丽的，它像是一只大爬虫，墨西哥特有的大蜥蜴，咄咄地向我们吮吐着腥浓的喘息。"

唯一使她难忘的，是国家人类学博物馆。因为那里陈列了一位"自杀神"。

三毛曾经两次自杀。荷西死后，她也产生过自杀的念头。所以，她很想知道"自杀神"究竟司什么职位，是特许人去自杀呢？还是接纳自杀的人？或者是鼓励人们去自杀呢？

所幸的是，她终于见到了梦想中的印第安人村落。在厄瓜多尔中部的安第斯山脉，坐落着很多纯血统的印第安人村落。三毛本就认为自己的身体里流淌着印第安人的血，所以，她支开米夏，独自一个人走进了印第安人的村落。在这个地方，三毛成了"娃哈"，在印第安的古语中，意为心。

三毛杜撰了一个自己的前生——一位名叫"娃哈"的印第安加那基姑娘的故事。娃哈的曾祖父和三万族人都惨遭印加征服者杀害，心脏被挖出来丢进了大湖。后来，那湖被称为娃哈湖。娃哈的父母也被印加人抓走了，再没有回来。从此，孤苦无依的娃哈只得与老祖父相依为命。祖父是村里的药师，经常用各种不知名的草药，为族人们治病。后来祖父死后，娃哈嫁给了一个深爱自己的猎人。

不久，娃哈怀孕了。猎人为了让妻子补身子，就偷偷地从湖里弄来了几条鲜鱼。族人们说,那是祖宗们的心脏,吃了它娃哈必遭报应。果然,在一个寒冷的冬夜,太阳神降下报应,娃哈死了,死于难产。猎人痛不欲生,抱着她的尸体痛哭,直到尸体连着心,一同变得冰冷。

三毛结识了村子里一个名叫吉儿的土著妇女,并借住在她家。晚上睡玉米叶堆,平日里汲水、纺线、吃玉米饼、喝麦片汤、喂猪……三毛俨然过起了一个地道的印第安人的生活,以至于村里的人以为她也是印第安人。于是,三毛对她的前世转世说更加深信不疑。

直到放心不下的米夏来找她,三毛才恋恋不舍地与吉儿告别,结束了这段"回归前世"的生活。

其实,三毛曾研究过自家的家谱。上面清楚地写着,她出生的家庭上溯到几百年前,是从中原河南迁到东海舟山群岛的。虽然东海常遇台风,偶尔也有难民或者海盗来,但都与陈氏一族没有什么关系。可见,娃哈的故事,只是一个单纯的神话。

颇有戏剧性的是,虽然三毛自称是印第安传人,但她在印第安人土著的高原上,居然多次患了被印第安人称为"索诺奇"的高原症:"头痛得几乎要炸开来,随着怦怦狂击的心脏,额上的血管也快炸开了似的在狂跳。"

南美洲之旅,对体弱的三毛来说,是一场苦难之旅。尽管苦难,浪漫的三毛还是走遍了万水千山。像在撒哈拉一样,三毛还是喜欢"人"。民俗、亲友、当地特产、小吃,都要细细看、细细品。尽管这一路走得颇为艰难,但是她终究这样一步步走完。

一路上,她为《联合报》发去一篇篇游记。这是工作,也是责任，却与三毛的梦想相去甚远。后来，这些游记都收录在《万水千山走遍》一辑中。

1982年5月，三毛结束了她漫长的、神奇多姿的南美洲旅行，回到了台湾。

华冈教学

从南美洲归来,三毛居然应下了文化学院校长张其昀先生的邀请,去文化学院任教。或许是想让自己找些事情做吧,或许是让自己多一种生活的经历。

三毛一直视台北为红尘滚滚的地方。她厌倦了那些无时不在的红尘压力,厌倦了那些无休止的应酬,甚至包括无休无止、无微不至的母爱:"我不能将自己离家十七年的生活习惯,在孝道的前提之下,丧失了自我,改变成一个只是顺命吃饭的人,而完全放弃了自我建立的生活形态。"

然而,没有了荷西的三毛又无处可去。除了台北,她别无选择。三毛说过:"我常常想,命运的悲剧,不如说是个性的悲剧。"她不得不在台北寻找一方净土,于是她选择了华冈山上的文化学院。

在9月份开学之前,三毛又飞往大加那利岛,做了一次短暂的夏季旅行。返台途中,她又绕道到西班牙邦费拉达城,探望了僻居在德尔·席乡下的老友夏依米和他的妻子巴洛马,他们是当年三毛在撒哈拉沙漠的患难之交。

1982年9月，三毛开始了正式的教书生涯，这在三毛的一生中占了不小的比例。除了留学打工，以及在大加那利于有过一段使馆秘书的工作经历外，教书几乎算是三毛一生中唯一从事的职业了。三毛说："教学，是一件有耕耘、有收获又有大快乐的事情。"

她还不止一次地把教师比作农夫。十年前，留学归来的三毛也曾在华冈山上当过"农夫"。只是那时的她只是一个默默无闻的德文助教。时隔十年，三毛已经成为一名知名的女作家，她上的第一堂课，就座无虚席。

学生子菁回忆：

三毛第一次来华冈上课，可以用"轰动"这两个字来形容，因为来一睹其风采的学生，像是一颗颗软糖装在大肚小颈的瓶子里溢了出来，是的，教室太小了些，但这不是准备做演讲，而是上课。

三毛的正式学生，是一百五十三人，算上旁听的已经达到两百多人了。三毛喜欢导师制，一年带五至十五名学生。因为她觉得，这样人数众多的教学，就像囫囵吞枣，没法一对一地授业解惑。三毛教学的课程，是中文系文艺创作组的小说研究和散文习作。"差不多四小时课，总要看十五本书，不能说是消遣了，起码要去找，但也不一定用。也许那堂课已经准备了很多东西，可是当时和学生的默契不是那样，可能我白读了七天书就丢掉了。"她非常用心。

三毛擅长讲故事，就连父亲也说："她的确可以去说书。"三毛的课极为生动,而且计时精准。她想尽办法去启发学生的创作潜能,如此一来,她的课变得庞杂起来:小说技巧的起、承、转、合要讲,人性、宗教、心理问题也要涉及,甚至生活沧桑、社会往来……三毛还为学生加开了《红楼梦》课。

一位学生回忆她大谈红楼的情景时,这样说道:

> 讲到宝玉的灵、肉的时候,她和我们谈到"性"……她要我们分清楚的是淫、欲、情,多少观念,多少作为,在处世当中一直不断地被所谓的标准,可怜的人云亦云左右,甚至连一个完整的自我人格亦无法以自己的思考、方式去成就。

后来,她又开了《水浒传》课。三毛真诚地想把自己认为要成为一名作家的全部知识和能力悉数传授给她的学生。三毛在课下花在批改作业上的功夫,并不比平时备课和讲课少。一次,三毛给学生批改作业,学生的作业写了两千四百多字,三毛竟在上面点评加批注写了两千三百多字。

庞大的工作量使她终于病倒了。1984年初,三毛到美国短期疗养六周,1984年夏,三毛到美国加州手术治疗回来,而此时她的健康状况已经无法满足她近乎狂热的教学了,她不得不与讲坛暂时告别,而开始专心从事文学创作。

她前所未有地勤奋,谢绝任何交往。她既不接电话,也不看报纸,甚至连吃饭睡觉都顾不上了。母亲嗔怪她为"纸人",父亲谈起此时的三毛写作时,说道:

> 女儿写作时,非常投入,每一次进入情况,人便陷入"出神

状态",不睡觉不讲话绝对六亲不认——她根本不认得了。但她必须大量喝水,这件事她知道。有一次,坐在地上没有靠背的垫子上写,七天七夜没有躺下来过,写完倒下不动,说:"送医院。"那一回,她眼角流出泪水,嘿嘿地笑,这才问母亲:"今天几号?"那些在别人看来不起眼的文章,而她投入生命的目的只为了——好玩。

三毛曾说,写作是她生活中最不重要的一部分,它不过是蛋糕上的樱桃罢了。而此时,对于三毛来说,无疑樱桃比蛋糕重要多了。她的写作计划更是庞大得惊人,经皇冠出版社建议,她要同时写三本书——《倾城》《谈心》和《随想》。此外,还要着手翻译丁松青神父十二万字的《刹那时光》。不仅如此,三毛还答应滚石唱片公司,写一整张唱片的歌词。

这一时期的三毛是一个写作疯子,她成天伏案写作,夜以继日。身体本就虚弱的三毛,终于撑不住了。近三个月的长时间熬夜,让她的记忆力开始严重减退。而那时,母亲和好友杨淑惠都患上了癌症入院治疗,她的身体和思想都经受着沉重的压力。一次,她去探望杨淑惠后,走出医院,竟忘了家在何处。

这样疯狂的写作生活,一直持续了一年多。1986年初,三毛因严重神经衰弱被迫住了十七天院。出院后,她不得不与文字告别,远赴美国疗养。疗养地是华盛顿区西雅图市郊外。而在进入美国的时候,美国移民局问她:"你为什么要来美国?"三毛答道:"我来等待华盛顿州的春天。"

最初她整天待在家里,偶尔看看电视算作消遣。终于有一天,她耐不住冬天的寂寞,选择了一所小学校学习英语。三毛的英文程度早已超过了补习的水平，显然她这次选学英语的目的就是打发时光，同时也不至于学业太过繁重。

上课的情形是这样的，先讲十分钟闲话，同时彼此欣赏当日穿着，那日穿得特美的同学，就得站起来转一圈，这时大家赞叹一番。衣服看过了，就去弄茶水。如果当日老师又烘了个香蕉蛋糕来，还得分纸盘子，等到大家终于把心安定时，才开始轮流做文法句子，万一有一个同学不懂，全班集中精神教这一个。等到好不容易都懂了，已经可以下课了。

第二堂课，还是寓乐于学。先看漫画，后读小说，不知不觉地就混过去了。

1986年7月，三毛回到台湾还不到两个月，就又匆忙启程，飞去了大加那利岛。而这一次，她是来与大加那利诀别的。

1985年6月，三毛曾在台北育达商校附近买下了一幢住宅。为了完成自己梦想中的装修，她不惜花费重金。房间的设计和布置都很"三毛化"。她向设计师交代意图："假想，你在钉一幢森林里的小木屋，想，窗外都是杉木。你呼吸，窗外全是木头香味。"

果然，房间里所有的家具都是实木的，体现出粗犷朴拙的风格；凳子也是木桩做的；房间里高低错落地装了二十盏灯，而灯罩居然是用锯掉柄的美浓雨伞改造的；沙发套是粗麻的，窗帘是粗胚麻布。还有各色宝贝：大大小小的土碗、土盆子、牛车轮子、苏联木娃娃、"阿拉伯神灯"、南美的"大地之母"、尼日利亚皮鼓……装点了整个房间。

三毛这次到大加那利去，是想把那里的两层楼小院卖掉，这样可以偿还台北这所房子所欠下的债务。三毛着急回台，所以就低价成交了。价钱讲定后，三毛便把家具、衣服和各种带不走的工艺品，送给当地的朋友们。

当这些事情处理得差不多了，三毛安静了下来。临走前的一个晚上，邻居家的金发小姑娘奥尔加来了。小女孩才七岁，她不想让三毛走。于是，三毛把孩子抱在怀里，给奥尔加讲了一个美丽的东方国家——中国的故事。孩子听得津津有味，三毛告诉小女孩，她要回中国了。

三天后，三毛和奥尔加挥别，告别了荒美的海滩，告别了荷西的死岛拉芭玛，告别了波涛滚滚的蓝色的大西洋，告别了往昔的岁月。

从此，三毛没有再回到这里来。

落叶寻根

1987年，那一年是值得纪念的一年，中国台湾当局宣布，准许台湾部分居民回大陆探亲。这个禁令一开，让许多身在台湾的大陆人都欣喜若狂。在台湾，乡愁是个常态。那里有太多太多远离家乡断了与亲人联系的人们。他们因为战争来到这个无根的小岛，他们已经离家太久太久了。而三毛同样是欣喜若狂的，尽管她的整个家都在台湾，但她仍对大陆抱有深刻的爱恋。她的邻居中，有一个退伍老兵，听到这个消息的时候，又喊又哭，叫着："我们可以回大陆了！我们可以回大陆了！"

在三毛童年时，她曾经读过一本漫画，漫画的名字是《三毛流浪记》。那本漫画留给了她十分深刻的印象，那是她的启蒙读物。甚至在许多年之后，身在撒哈拉的她给台湾投稿的时候，还用了那漫画中主人公的名字作为自己的笔名。能够回到大陆，则意味着她能够去拜访这本漫画的作者了。

她找到在湖南《长沙日报》工作的外甥女袁志群，给《三毛流浪记》的作者、著名老漫画家张乐平先生带去一封信，信中说：

乐平先生，我切望这封信能够平安转达您的手中。在我三岁的时候，我看了今生第一本书，就是您的大作《三毛流浪记》。后来等到我长大了，也开始写书，就以"三毛"为笔名，作为您创造的那个三毛的纪念。

在我的生命中，是您的书，使得我今生今世成了一心爱着小人物故事的人，谢谢您给了我一个丰富的童年……

小人物的概念，在三毛三岁的时候，就深深植入了她的心中。是的，她不关心天下大事，不关心政治，她更关心那些沉浮在滚滚红尘中的、受命运拨弄的小人物。所以她长大之后，没有去写具有深刻社会意义的东西，而是专注于那些发生在她身边的小故事，生活在她身旁的小人物。

那个时候，张乐平已经八十岁了，他住在上海东海医院疗养。收到这封意外的信，他的心情很激动，立即口述了一封回信，并且用已经颤巍巍的手，一笔一歇，艰难地画了一幅三毛像，赠给三毛。就这样，两个人开始了频繁的书信往来。到了第三封信的时候，三毛开始亲切地称呼张乐平为"爸爸"，并说："三毛不认三毛的爸爸，认谁做爸爸？"附了照片一张，背面写上："您的另一个货真价实的女儿。"

张乐平心中的弦被拨动。这个年迈的老人，再一次感受到了人间美好的情感，他对人说："能在晚年认上这个女儿，应该是我一生中的一件乐事了。我多子女，四男三女，正好排成七个音符。这一回，三毛再排上去，是个'1'，是我家的'女高音'。"

而不久后，三毛终于启程回到大陆，见到了那个在街头流浪的三毛的爸爸,也是她的"爸爸"张乐平。

早春四月,柳如烟,花如笑,三毛与张乐平在香港工作的四儿子张慰军,在上海虹桥机场同时走下了飞机。他们一同上了车,车启动,直奔徐家汇五原路张乐平的家。

已经十分苍老的画家张乐平拄着拐杖,站在家门前,抱病在春风中迎接这两个孩子的到来。三毛一进弄堂门口,就抱住张乐平,泣不成声地喊:"爹爹,我回来了……"他们仿佛真的是失散多年的父女一般拥抱着,一场乡愁在台湾,一场慈悲在大陆。

这次到来,三毛将自己的新作《我的宝贝》作为礼物送给了张乐平。而张乐平也送给了三毛一套涤卡中山装,这是三毛在信中向他要的。这样的衣服在大陆早已经过时了,但是三毛却十分喜欢,她总是喜欢一些古老的、安静的又符合她审美观的东西。尽管装束已经过时,但美永远都不会过时。

三毛在张家共住了五天。这段时间里,在傍晚的时候她会与"爸爸"谈心,白天则去逛龙华寺,此外,她还去了大观园和周庄。大陆有太多吸引三毛的地方,那些富含文化底蕴的园林和建筑,大气而美丽。当从那些地方参观回来,三毛觉得自己的灵魂再度得到了升华。

后来,三毛对记者说:"我原来一直有一点困惑,为什么一个姓陈,一个姓张,完全不相干的两个人,又隔了四十年的沧桑,竟会这样接近?现在我明白了。我和爸爸在艺术精神与人生态度、品位上有许多相似之处,所以才能相知相亲,不仅能成父女,还是朋友、知己。有这样的爸爸,这样的家庭,我感到幸福。"

张乐平也说过:"她的性格、脾气、爱好像谁呢?看她那多情、乐观、倔强、好胜、豪爽而又有正义感、有时又显出几分孩子气,这倒真是我笔下的三毛。"

五天之后,他们必须分别了。这时候的张乐平宛若父亲一般叮嘱着三毛:"世事艰险,你要保重!女儿离开了父母,就靠自己了。"

三毛的大陆之旅有两个愿望:第一,她想见思念多年的精神世界的父亲张乐平;第二,她希望好好游一遍祖国的名山大川。

那些只在书本上才能见到的美景,那些绚烂的花圃,那些戈壁中的飞天画像,那美妙的北方牧场,那动人的拉萨风情,那些曾经只闻其名的美食,还有承载了许多美丽故事的园林……所有的美丽的、动人的传说的根源,三毛都想去走一遍,亲眼去见识,亲身去体会。

临行之前,三毛告诉台湾作家赵宁,说她只买了单程机票。赵宁问她什么时候回来,她只回答说:"很久很久……"她甚至还与另一位台湾作家张拓芜通电话说:"说不定我就不回来了!"

也许她早已做好了在大陆度过余生的准备,毕竟这里才是她的根。

她先是从广州飞至祖国中西部,游览了古都西安和甘肃省府兰州,接着她又来到大西北。这片荒原让她想起曾经在撒哈拉的日子。她总是喜欢荒凉苍茫的地方,一望无际,好似在远方完全没有希望,到处都是绝望的荒芜。这样的地方,很容易引起人们对人生的思索。

也许三毛的前生真的是活在一片荒芜之中的。她可能是一个守护蛮荒深处宝藏的卫士,可能是一朵盛放在荒漠之中的花朵,可能是一匹在平原上肆意奔驰的脱了缰的野马。总之,当面对荒芜时,她没有悲伤,没有绝望,相反,她会有一种寻到根的感觉。

在那接近零度的空气里,生命又开始了它的悸动,灵魂苏醒的滋味,接近喜极而泣,又想尖叫起来。

她成长在风光秀美的台北,那是一片精致的、细腻的土地。那里的人们温文尔雅、礼貌绅士,那里的一切都安静而淡雅。可那些却并非是三毛所喜爱的。她爱的,是一望无垠的大地,是尽情地欢乐奔跑,是放肆地大声喊笑。所以三毛会爱上莫高窟,简直是太正常不过了。

敦煌,飞天的奇迹,神秘的遗迹。人们不知道在那样的地方曾经存在过怎样的文明,大家只知道,那些做出飞天画作的人,必然拥有一份美丽的心。在去敦煌的路上,三毛结识了一位在莫高窟从事研究工作的旅伴,那是个叫伟文的年轻人。

伟文也是三毛的热心读者。三毛这一次终于体会到了身为一个名人的便捷。她恳求伟文帮忙,让她在莫高窟的一个洞穴中安静地待上一会儿。作为三毛读者的伟文自然明白她想的是什么。每一个读过三毛作品的人都了解她是一个多么浪漫的人。

每年来莫高窟旅行的游客都很多,但是这些人中,很少有人懂得莫高窟,懂得敦煌的美丽和意义。但三毛不同,她天生就对这些艺术有着超人的领悟能力,所以她对莫高窟的爱是发自内心的。我们甚至相信,即便伟文不曾认得三毛,当他看到三毛对这里的爱慕之情时,也会愿意为她走这个"后门"的。

于是,在伟文的帮助下,三毛独自走进一个洞穴。她一下子就跌入了境界里:

我打开了手电棒,昏黄的光圈下,出现了环绕七佛的飞天、舞乐、天龙八部、携侍眷属。我看到了画中灯火辉煌、歌舞蹁跹、繁华升平、管弦丝竹、宝池荡漾。壁画开始流转起来,视线里出现了另一组好比幻灯片打在墙上的交叠画面——一个穿着绿色学生制服的女孩正坐在床沿自杀,她左腕和睡袍上的鲜血叠到壁画上的人身上去——那个少女一直长大一直长大并没有死。她的一生电影一般在墙上流过,紧紧交缠在画中那个繁花似锦的世界中,最后它们流到我身上来,满布了我白色的外套。

我吓得熄了光。

"我没有病,"我对自己说,"心理学的书上讲过:人,碰到极大冲击的时候,很自然地会把自己的一生,从头算起。在这世界上,当我面对这巨大而神秘——属于我的生命的密码时,这种强烈反应是自然的。"

我匍匐在弥勒菩萨巨大的塑像前,对菩萨说:"敦煌百姓在古老的传说和信仰里认为,只有住在率天官里的神下生人间,天下才能太平。是不是?"

我仰望菩萨的面容,用不着手电筒了,菩萨脸上大放光明灿烂、眼神无比慈爱,我感应到菩萨将左手移到我的头上来轻轻抚过。

菩萨微笑,问:"你哭什么?"我说:"苦海无边。"菩萨又说:"你悟了吗?"我不能回答,一时间热泪狂流出来。我在弥勒菩萨的脚上哀哀痛哭不肯起身。

又听见说:"不肯走,就来吧。"我说:"好。"

这时候,心里的尘埃被冲洗得干干净净。我跪在光光亮亮的洞里,再没有了激动的情绪。多久的时间过去了,我不知道。

"请菩萨安排,感动研究所,让我留下来做一个扫洞子的人。"我说。菩萨叹了口气:"不在这里。你去人群里再过过,不要拒绝他们。放心放心,再有你回来的时候。"我又跌坐了一会儿。菩萨说:"来了就好。现在去吧。"

从洞中走出的三毛仿佛经历了一世一般。那时已是黄昏,她与伟文在大泉河畔的白杨树下散步。他们慢慢走上了一个黄土山坡,那里坐着三个身着蓝衣的老婆婆,她们口中念念有词:"南无阿弥陀佛——南无阿弥陀佛——南无阿弥陀佛——"

三毛告诉身边的伟文,说她死后想葬在这个山坡上:"要是有那么一天,我活着不能回来,灰也是要回来的。伟文,记住了,这也是我埋骨的地方,那时候你得帮帮忙。"

而那"南无阿弥陀佛"的歌声,随着卷起黄沙的风声,飘扬至远。

第九章　花开花落终有时

　　谁在天空飞过了这样的路，谁在大地留下了怎样的诗。我们可以看到一棵树缓慢地生长年轮，看到叶子的春长秋落，但我们看不到树在它自己的年轮里刻下的悲欢离合。如果有来生，要做一棵树，站成永恒，没有悲欢的姿势。一半在尘土里安详，一半在风里飞扬，一半洒落阴凉，一半沐浴阳光。

在那遥远的地方

从莫高窟出发，三毛的下一目的地是乌鲁木齐。三毛来这里不是因为要游览引人入胜的风景，而是因为一个人，一个洋溢着才气与智慧，流露着感性浪漫的老人。他就是王洛宾——《达坂城的姑娘》《在那遥远的地方》的曲作者，一位饱经沧桑的老人。

提起王洛宾，大家最熟知的恐怕就是那首脍炙人口的歌曲，记得小时候，家乡的大街小巷都流传着这首歌。

在那遥远的地方，有位好姑娘，她那活泼动人的眼睛，好像晚上明媚的月亮。我愿变成一只小羊，跟在她身旁，我愿她拿着细细的皮鞭，不断轻轻抽打在我的身上。

这充满诗意的歌词，表达着一个多情的老人最贴心的感动，它曾经让无数人为之感动。这首歌曲的创作背后还有一段迷人的故事，当时年轻多情的王洛宾偶遇一位美丽的藏族姑娘，并承受了那位少女一记温柔的牧羊鞭子。这记鞭子让王洛宾怀念了一生。

王洛宾,有"西部歌王"之称,1934年期间就读于北京师范大学音乐系;1937年11月在山西参加由丁玲领导的西北战地服务团,后受西北战地服务团委派,前往兰州等地做唤起民众的工作;1938年5月在兰州参加"西北战剧团",进行抗日救亡宣传;1949年9月参加中国人民解放军,同年随军进入新疆。历任中国人民解放军第一野战军第一兵团政治部宣传部文艺科副科长、新疆军区政治部文艺科科长、新疆军区歌舞团音乐创作员、新疆军区歌舞团艺术顾问等职,1988年6月离职休养(艺术一级,文艺六级),1988年9月荣获中国人民解放军胜利功勋荣誉奖章,1996年3月14日在军区总医院因病逝世。

王洛宾在感情方面也是历经波折,后来更是孤独一人,三毛从朋友司马中原那里听说了王洛宾的故事,立即跳起来,说:"这个老人太凄凉、太可爱了,我要写信安慰他,我恨不得立刻飞到新疆去看望他。"

1940年4月,三毛参加一个台湾的旅行团,赴敦煌、吐鲁番游览。当到乌鲁木齐时,她离队按地址去拜访王洛宾。

然而,与已经对三毛有了一定了解的张乐平不同,王洛宾对三毛只是听说过她的名头,知道她是一名台湾的畅销书作家,其他几乎一无所知,不知晓她写过什么,更没有读过三毛写的书,对她的作品一字不知。

但是,王洛宾还是热情地迎接了三毛的拜访。他与三毛握手、合影,并且如对待每一位崇拜者那样简明扼要地叙述了自己的歌曲和经历。他觉得三毛就像一个没长大的孩子一样天真烂漫,活泼可爱。当然,王洛宾是不会想到眼前的这个女子童年时曾患有自闭症,并且亲身经历了如此多的人生悲剧,甚至还曾经热衷于自杀的。

晚上时,王洛宾到宾馆去为三毛饯行。当王洛宾向服务员询问三毛住处时,宾馆的服务人员无比惊讶,那位了不起的女作家三毛竟住在他们宾馆里,原来三毛是用陈平这个名字登记的。当得知她就是三毛时,整个宾馆沸腾了,服务员奔走相告,并抱来三毛在大陆出版的书请她签名。

直到此时,王洛宾才了解到,原来这位女子如此不简单。可惜当时三毛的崇拜者太多,现场太过热闹,而三毛也即将离开,他们没有时间再深入交流。不过分别的时候,三毛许诺:"9月份我一定再来看望您,请给我写信。"

三毛走后,他们二人共往来六封信。王洛宾写信告诉三毛:"萧伯纳那柄破旧的阳伞,早已失去了伞的作用,他出门带着它,只能当作拐杖用,我就像萧伯纳那柄破旧的阳伞。"后来有一次王洛宾迟了许久才给三毛回信,三毛责备道:"你好残忍,让我失去了生活的拐杖。"

终于到了9月,这个夏日刚过去的季节里,空气中还弥漫着夏日里残留的花香。三毛如约而至,她再次来到了乌鲁木齐,踏上了这片让她怀念许久的牧场。

王洛宾身穿精致的西装,打着领带提前赶到机场迎接三毛。飞机着陆后,三毛刚刚走出机舱,四处闪烁着强烈的闪光灯,摄影机纷纷聚焦到她的身上。

三毛对这突如其来的状况非常生气,不知道为什么要忽然面对这样多的记者和闪光灯,转身返回了机舱。因为她向来不喜欢和媒体打交道,她希望自己能有更多的私密空间。这只是她和王洛宾的一次私人交往,并不是人前做戏。后来经过王洛宾的解释，她才了解到这是乌鲁木齐几位年轻的电视新闻工作者，正在筹划拍摄一部反映王洛宾音乐生涯的纪实影片。听说三毛要来，便策划这段迎接活动，以示友好。

尽管王洛宾反复做了解释，但三毛仍然很不开心，因为她对此事一无所知，完全被蒙在鼓里。不过最终三毛还是决定原谅他们。她挽着王洛宾，慢慢走出，并接受了少年男女的献花。当时正是黄昏，身处在无比热闹和欢庆中的三毛望着落日和残霞，心情异常落寞。这仿佛演戏一般的情景让三毛很不自在。

王洛宾的纪录片一直都在跟随拍摄，编导提议王洛宾和三毛演一段"三访洛宾"：早晨，身穿睡衣的三毛，把她从台湾带来的民歌磁带，轻手轻脚地放在王洛宾的卧室门前，好让老人开门时有一个意外的惊喜……

三毛对此非常抵触，觉得自己如同一个木偶般被人操纵着，但最终她还是答应了。于是演完戏后，她就病了。王洛宾找来医生精心为她治疗。

王洛宾仍在没完没了地拍片子，专程而来的三毛在被冷落了多日后，终于忍无可忍爆发了。那是在饭桌上。三毛下厨炒菜，王洛宾盛饭。这个时候三毛忽然埋怨饭盛得太少，大声嚷了起来，最后三毛歇斯底里地嘶喊道："我杀了你！"

王洛宾惊呆了，他没想到这个活泼可爱的女子怎么会突然变得如此疯狂。

三毛当即搬了出去，住进旅馆，并订好了当天飞往喀什的机票。两天后，平静下来的三毛再次回到了乌鲁木齐。王洛宾到宾馆去看她，她情不自禁地扑上去搂住老人，伤心地哭了……

对于三毛与王洛宾的这段往事，被世人演绎成了各种各样的版本。有人说,三毛深深地爱上了王洛宾,然而交往之后,王洛宾发现他永远都无法了解她,无法了解她的落寞、她的伤心和她的浪漫,他们之间有一条无法逾越的鸿沟,最终三毛只好选择伤心地离去。也有人说,他们之间是一段纯洁的忘年之交。

除了他们二人之外,没人知道真相。

三毛去世之后,王洛宾为三毛做了一首《等待》:

等待——寄给死者的恋歌
你曾在橄榄树下等待再等待
我却在遥远的地方徘徊再徘徊
人生本是一场迷藏的梦
请莫对我责怪
为把遗憾续回来
我也去等待
每当月圆时
对着那橄榄树独自膜拜
你永远不再来
我永远在等待
等待等待
等待等待
越等待,我心中越爱!

新疆9月的秋风一成不变地吹了几千万年,从天的这一头吹向另一头,秋风扫过的牧场也显得格外晴朗和寂寞。

三毛出生在四川,她和这片土地的因缘,比起祖籍浙江定海，更深一些。

来到成都的三毛，不再像定海之行般戏剧化，前呼后拥，大悲大喜。她完全按照自己的习惯旅行，背起简单的行囊，穿行在寻常街巷里：

热衷于走小街，穿僻巷，欣赏古朴的四合院建筑，听听坐在屋檐下的老太太们操着浓重的乡音唠家常，瞧瞧小娃娃们趴在地上弹玻璃珠、拍烟纸盒……

布衣旅行让三毛心情舒畅了许多。走渴了，进茶馆喝一碗盖碗茶，热了，就干脆脱掉鞋袜，靠在墙上，光一会儿脚丫。三毛还爱学四川方言，"里过来""火门"等口语，她说得很欢，而且现炒现卖。

父亲陈嗣庆曾回大陆探亲，回台后对成都赞赏不已，甚至萌生了带三毛回蜀度过余生的念头。这次三毛对成都的印象，与父亲相同。她无比激动，主动邀请记者座谈。她对记者说："成都真是与众不同的温柔之地，城市里气派、整洁。我在这里第一次吃到那么多的好菜。这里的百姓文化素质高，待人真诚，热情。我很喜欢这里。"兴头所至，她冒出一句玩笑："如果再婚，我一定要嫁一个中国大陆上的中国人。"记者们开心鼓掌。一个记者不失时机地问三毛："您考虑嫁到成都吗？"她笑答："那就要看缘分啦！"

三毛作别蓉城，离开锦江饭店时，被邀请留言。三毛写道："不肯去，不肯去。"依依不舍之情，跃然纸上。

从成都出发，三毛乘车直奔世界屋脊——青藏高原。高原稀薄的空气,让西藏的太阳像镜子一般地耀眼,高原之城拉萨,更显得巍峨壮美。

从布达拉宫出来,三毛的身体出现了高原反应,印第安人称"索诺奇",在南美时三毛也经常出现这样的症状。

这次大陆之行,她在过天山时犯了一次,这回在拉萨,她竟突然昏厥倒在市区的路上。

三毛被送进解放军拉萨总医院。病好后,三毛学乖了很多,知趣地返回了成都。

对这次犯病的小插曲,三毛却有点小窃喜,并认为自己因祸得福。因为在当时,她的这个经历是一般台胞旅游者不会遇到的——到解放军医院接受治疗。她非常得意地对外宣称"还去了旅游者不能去的地方"。

三毛经成都后去了重庆。许多年前,三毛就出生在这个城市里一个名叫黄角桠的地方。到了重庆,三毛已经可以讲一口地道的四川话了。她用浓重的四川方言,对记者说:"西班牙以出生地为籍贯,我出生在重庆黄角桠,所以我是重庆人。"

在重庆,她还去了父亲当年工作的原址——抗战时期著名的美平大楼(现为银行)。她拍下一张照片,好带回去送给父亲。短暂逗留后,三毛登上江轮,这次她要游览一下祖国母亲河——长江。

江轮缓缓地行驶在长江上,三毛看到了她思慕已久的三峡。三毛有她自己的游览习惯——沿途几乎所有的小站,她都要下船游览一番。到了小三峡,她换乘下一班船到宜昌,然后继续往上走。游客们大多喜欢在山下,抬头仰望欣赏风景。三毛却弃了船,爬上山去,向下鸟瞰,似要重回"两岸猿声啼不住,轻舟已过万重山"的意境,体会个够。她改乘了一辆车,到了西陵峡,然后沿江步行到巴陵峡,访问那里的乡村小学,考察那里的风土民情。接着,她马不停蹄连夜赶往武汉,去谒见"黄鹤一去不复返,白云千载空悠悠"的黄鹤楼了。

辞别黄鹤楼,三毛直飞上海。正好是1990年的中秋节,她要与"爸爸"张乐平一家团聚。

这是三毛一生中的最后一个中秋节。那一夜,明月倒映在黄浦江上,格外地圆。三毛宛若张家的女儿,一进门,张乐平夫人冯雏音正在午睡,她欣喜万分地将"妈妈"吻醒,然后一同到医院探望张乐平。她将"爸爸"轻轻扶上轮椅,推回家一起过中秋节。沾了点拉丁人热情的三毛,打破了向来宁静的张家。她喋喋不休地谈着上海毛线便宜,台湾名人秘史,拍电影《滚滚红尘》,骗子冒"三毛"之名骗钱等经历的事情,还翻出一路购买的东西向两位老人大献其宝。老两口一脸欢笑,他们喜欢这个叽叽喳喳的女儿。

三毛俨如亲女,不时开点玩笑逗"爸妈"开心。张乐平心情无比舒畅,病情也有了好转。手不抖了,随即提笔画画。正画着,老人的鼻涕拖了出来,三毛赶紧过来给他擦,三儿子张慰军突然觉得此景妙不可言,抓起照相机拍照,可惜鼻涕已经擦完。三毛假作无奈并一本正经地轻轻拍打着"爸爸"说:"您就再拖两条吧!"

张乐平是位幽默大师,和这位幽默的女儿在一起,兴致很高。他拒绝再回医院,而且大开酒戒,喝起了花雕。中秋夜一过,三毛和张乐平一家就匆匆告别,回到台北去了。分别时,三毛约定明年春节再来,张家老小送她出门时一遍遍叮嘱:"说好明年再来,不要忘记。"

三毛答应了,两眼含泪离开。然而,两个月后,传来三毛在台北自杀的消息。这一次,她失约了。

《滚滚红尘》

1990年，三毛第一次开始了影视创作。

早年，当三毛回台湾定居时，好友琼瑶已经开始将自己的作品搬上了荧幕。那时三毛则在华冈教书，她不理解琼瑶的做法，甚至公开在文章中反对："你再拿自己去拼了电影，你拼了一部又一部，不懂享受，不知休息，不肯看看你的大幅霓虹灯闪在深夜车区的台北高墙上时，琼瑶成功背后那万丈光芒也挡不住的寂寞。"她建议琼瑶不如多陪陪家人，享受休闲钓鱼的生活乐趣。

琼瑶终究没有去钓鱼，她的影视作品一部接着一部影响着那个年代的许多年轻人，尤其是女青年。而三毛虽然一直觉得影视圈太过复杂，她厌恶摄影机，但是她心中还是藏着一个电影梦的。小时候的三毛就喜欢看电影，还曾背着家长，偷偷和男孩子约会去看电影。

三毛文学生涯的第一篇处女作《惑》，写的也是一个因为看了电影《珍妮的画像》的女孩，在听到电影中的插曲后而做出的一系列的疯狂举动，和一连串的忧伤的思索。在读大学期间，三毛爱上了一个优秀的男同学，也就是梁光明。而梁光明，正是戏剧系的才子。

在西班牙留学时期,三毛邂逅了尚是高中生的荷西。荷西对三毛一见钟情,为了讨心爱的女孩子的欢心,他努力攒钱,最后买了两张电影票,并带着三毛去看了一场精彩的电影。三毛那个时候虽然并不爱荷西,但却十分喜欢那场电影。三毛是个具有艺术天分的人,她喜欢文学,喜欢美术,自然也是喜欢电影的。她之所以反对琼瑶拍电影,只是讨厌那个复杂的圈子,而并不是讨厌电影本身。

后来,在三毛的留学期间,她回台湾后去香港,在一家服装店中遇到了当时的电影红星林青霞。那个时候,林青霞刚刚主演过琼瑶的作品《窗外》,这部作品让她一夜成名。三毛看着那个清纯的林青霞,心中十分疑惑,她在想这个女孩子到了那个复杂的电影圈,不知道日后会变成怎样的模样。

在荷西终于得到三毛的心后,他们先后来到了撒哈拉,并打算在那里结为夫妻。这个时候,为了让三毛度过一个有意义的蜜月,荷西带着她去沙漠上唯一的一家简陋的电影院中看了场电影。许多年后,三毛还记得那个电影的名字——《希腊左巴》。

撒哈拉的生涯结束之后,三毛看了一部名为《远离非洲》的电影。十年后,她对这部电影仍旧念念不忘,并且时常向人推荐。这部电影荷西也十分喜爱。或者,正是因为荷西与三毛的爱好是如此相似,他们才能这样相爱吧!

总之,尽管三毛对电影圈有着这样那样的顾忌,但与电影仍然有着不解之缘。

终于,或许三毛自己也始料未及吧,1990 年,三毛创作了自己人生中的第一部也是最后一部电影剧本,就是那部《滚滚红尘》。这部作品是在香港导演严浩的一再央求下才诞生的。三毛也说:"没有严浩导演,就没有这个剧本的诞生。"

严浩也是三毛的忠实读者之一。曾经,他在读到三毛的小说《哭泣的骆驼》时,就深深为其中的悲剧故事而感动。敏锐的他察觉到这个故事可以是一个很好的电影题材,于是多次恳求三毛将她的故事改编成剧本,然而却被三毛拒绝了。

严浩没有放弃,尽管《哭泣的骆驼》不能被搬上银幕,但是他相信三毛能够创作出其他题材的优秀剧本。他开始了漫长的纠缠,以不达目的誓不罢休的执着来恳求三毛写剧本。他相信自己的眼光不会错。三毛的故事虽然没有特别深刻的意义,但是却有着十足的可看性,甚至当你读到她的小说时,就感觉是在看一部电影。

1990年,严浩约了影星林青霞和秦汉,把三毛请到餐馆。他们开始发动集体攻势,三个人一起劝三毛为他们写剧本。三毛仍然不愿意,但是她又不忍心推脱他们的好意,只好说自己即将去欧洲旅行。话已至此,他们三人也没有办法。

那一日,也许是心情不好的缘故,三毛喝醉了。她回到家中时,足下已经不稳,于是一个失足,竟然从家中的楼梯上跌下。那一次她伤得非常重,三根肋骨都摔断了,断掉的骨头还插入肺里。后来在医院,她的肺被切掉了一叶。这真是无妄之灾,好在她的命还算大,终究活了下来。

时隔两个月,三毛终于病愈出院。

也许是认为自己已经没有推脱的理由,也许是突发的横祸让三毛忽然有了灵感。在她住院的两个月内,竟真的写出了一个剧本。于是这一次,请客的主角换了,她将严浩、秦汉和林青霞三个人请到了餐馆,并将她在病床上创作的稿子交给了他们。

他们没有想到两个月之后,竟然真的看到了梦寐以求的剧本。更令他们感动的是,这剧本竟是三毛在病痛之中完成的。林青霞和秦汉都立刻表示愿意演这个戏。这个剧本的名字是《滚滚红尘舞天涯》,也就是后来的《滚滚红尘》。

为了写这个剧本,三毛花费了很大的心血,用她的话说就是:"痛彻心扉的开始,一路写来疼痛难休,脱稿后只能到大陆浪漫放逐,一年半载都不能做别的事。"

而她的痛楚辛劳,换来了《滚滚红尘》的拍摄。

或许真的是不了解电影圈吧,三毛对这部电影的拍摄十分积极。在电影创作的过程中,编剧的作用往往是交出剧本之后,便结束工作等待成品的出现。除非这个编剧同时兼任了导演或其他职责,否则只要电影开拍,就没有编剧的事情了。然而三毛却不同,她不但参与影片的摄制过程,甚至还亲手操刀为导演绘制分镜图。影片的镜头总共有九十多个,而三毛竟画了六百多张分镜图。

更让人无奈的是,三毛还想扮演女配角月凤。严浩自然不会同意。三毛颇有微词,她认为,导演之所以用影星张曼玉而不用她,是为了打美女牌,是票房毒药起的作用。

其实三毛的人生已经经历过许多许多,但她总是天真得像一个孩子。人与人之间相处的许多技巧,在群体之中的那些潜在的规则,三毛简直是完全不懂的。这看起来不合常理,但是想一想也可以理解,因为三毛就是这样的一个活在幻想之中的人啊!

在这部电影的拍摄中,三毛比许多人都要劳累。甚至拍摄结束的宣传活动中,三毛也付出了许多的辛苦。她真的是太爱自己的这个试水之作了。仅仅七天的时间里,三毛就接受了二十八次新闻采访,上了八次电视,以及出席一堆数不完的应酬活动。

远在他乡的张乐平知晓这些之后,很心疼地说:

这次赴港为她创作的《滚滚红尘》做宣传,一周之内做了二十多次,上了八次电视,昏倒了,用万金油涂醒后再继续工作。我在香港工作的儿子送去三盒饼干,竟成了她的三餐!

三毛的付出最终没有白费。尽管这部电影的票房只有六百万港币,但它得到了业界的赞赏。那一年,《滚滚红尘》获得了台湾电影金马奖十二项提名。然而这是好事也是坏事,因为一旦被提名,就要竞争,一旦竞争,烦心的事情就要来了。

由于被金马奖提名,《滚滚红尘》成了大众关注的焦点。电影在香港首映期间,与许多当红影片相同,受到了赞誉也受到了批评。批评的人对这部电影的挑剔,在艺术表现和演员的演技上并没有多少,主要都是在指责内容,指责内容也就是指责编剧。其中,有着台湾当局背景的《香港时报》对电影抨击得最激烈。它甚至连续六天发表文章,指责影片美化了剧中的男主角——汉奸章能才,也美化了左派学生运动鼓动者女配角月凤,片尾大逃难的场景,有故意侮辱国民党军队的嫌疑。

港九影剧自由总会也不甘寂寞,将抨击的文字用电传发给金马奖评委会。而台湾当局新闻主管部门则发表言论,表示不受政治干预,"只要没有歪曲历史,就不便干涉创作理论""没有必要从意识形态的问题去攻击"。

三毛没有想到自己的作品会引来这样的争论,她只好站出来辩解。对于人们指出的，影片是根据女作家张爱玲与当年汪伪政府宣传部副部长胡兰成的恋爱故事改编而成，三毛坚决否认了，她在《新闻周刊》上宣称，《滚滚红尘》与张爱玲无关，而是取材于"蒋碧薇、徐悲鸿、张道藩的故事"。

三毛真的是一个完全不懂得处世之道的人，她根本就不知道，这样的言论只会给她带来更大的麻烦。果然，徐悲鸿的儿子、台湾音乐评论家徐伯阳立即抗议，指责三毛"诽谤中伤，是无天理"，并聘请律师，准备起诉。

1990年12月15日，金马奖评委会宣布电影《滚滚红尘》获最佳导演、剧情、女主角、女配角、摄影、音乐、美术设计和造型设计等八项大奖。其中唯独没有最佳编剧奖，三毛失落极了。这大概与当时社会对三毛的抨击不无关系。

后来曾经有人回忆，在庆功晚会上，大家都兴致很高地合影，三毛却冷在一旁，落寞地说了句："你们都得了奖……"话尚未说完，便被大伙拉进来合了影。

林青霞在后来也说："尤其是金马奖颁奖后，没有得奖对她造成不小的打击。情绪低落可以想见。"

《滚滚红尘》的投资人徐枫回忆：她本人上台领奖时，为三毛说了一句"如果没有最佳编剧，亦不可能有最佳的电影"。下来后三毛立即搂着她说："你刚才在台上讲的话令我很感动，我好想哭！"

回想三毛的一生，她是一个敏感而又自尊心极强的女子。她害怕被伤害，害怕受到打击。为了躲避外界的伤害，她只有将自己封锁在自闭的箱子中，安静地享受着只有她一个人的世界。

三毛就是这样的一个女孩，她是永远也无法靠自己的力量承受外面世界的冰冷的。因为她任性而又敏感，疯狂而又内向。这个矛盾的三毛，这个让人无奈的，不知该如何是好的三毛，她只有在爱的滋养中才能活下去。而这爱又必须是毫无私心的，没有任何附加条件的，完全围绕着她的，永远跟随在她身边的爱。

或许她的要求真的太高了，这个世界上能够给予她这种爱的只有三个人，她的父亲、母亲、荷西。父母给予的爱毕竟是长辈的关爱，他们也许会对三毛毫无保留，但是却不会真正走入三毛的内心。只有荷西，那个西班牙的大男孩，是真正走入了三毛内心的人。然而他却早早离她而去了。

《滚滚红尘》成功了，严浩成功了，林青霞、秦汉都成功了，这部电影的成功，是一个团体的成功，这个创作团体的所有人都为之高兴，除了三毛。

花开无声,花落无痕

　　如果有来生,要做一只鸟,飞越永恒,没有迷途的苦恼。东方有火红的希望,南方有温暖的巢床,向西逐退残阳,向北唤醒芬芳。

　　当第一声啼哭划破初晓的天际,生命便开始启程了,虽然在若干年之后,每个人的终点都是一样的,但是途中的风景却千差万别。当生命逐渐丰盈并丰满时,渐行渐远的脚步,依然走不出造梦的初衷,走不出家人的视线。

　　人生路上的岔道多而迷乱,当拼尽全力在无数次选择和奋进中挥汗如雨,猛然回头,那个真实而疲惫的自己,是否早已远离了当初的梦?事实上,人生的历程就是伴随着无数可能,有欢笑,有泪水,有美好,也有丑陋。但这就是成长的历程,待到垂垂老矣之时,我们回首一生,发现无论过程是否精彩,经历是否坎坷,都只是虚无的画像,生命依然按部就班、不紧不慢地前往它要去的方向。

　　三毛的成长过程无疑是有缺陷和遗憾的。虽然她的童年、家庭、亲人、朋友与别人的无甚分别,她却未曾经历过正常的蜕变过程。假如说她曾经是一只用厚厚的蚕丝将自己裹紧的茧子，那么她却从未破茧成蝶，直至生命的最后，她仍然躲在那厚厚的蚕茧里，无法飞翔。那茧子是她的幻想，是她自己构造的桃源。

1991年1月2日，下午4时30分，因为子宫内膜肥厚影响荷尔蒙分泌，三毛住进了台北荣民总医院。与她曾经得过的那些病症相比，这次的问题并不算严重，但她却选择了住院。或许，她是想在医院里把自己隐藏起来，不想让世人看到自己的无助和落寞。

三毛的病房位于中正楼A072室，这是一间带有浴室、卫生间的单人病房。从她住进医院，到接受各项医学检查，均未发现有任何异常。亲友们也感觉这次三毛未免有些小题大做了。后来，有人回忆，当时三毛说过一句话："我已经拥有异常丰富的人生。"这话并没有引起身边人的留意，如今看来，这应该是三毛对自己一生的总结了。而这样的总结，往往都是发生在一个人的临终之前。

躺在病床上的三毛，曾对母亲说自己产生了一个幻觉："床边有好多小孩跳来跳去，有的已长出翅膀来了。"因为三毛素来喜欢幻想，所以母亲这次也并没有特别放在心上。

有这样一种说法，人在临死前经常会看到一些幻象。而科学上对此的解释为，人们的生理机能发生改变而引起的头脑结构变化。只是，我们倒宁愿选择一种浪漫的方式，解读为这些幻象或者是连接另一个世界的映像，它们正在准备迎接这个已经受尽人间疾苦的孩子。

1月3日上午10时，三毛接受了手术，清除掉了子宫内膜肥厚的部分。这个手术并不复杂，整个过程只用了十分钟。随后她的荷尔蒙分泌也恢复正常了。负责手术的赵医生告诉三毛,这只是一般性疾病,不是癌症,手术后只要定期服药,内分泌会逐步改善,月经也会恢复正常,但三毛听后却并没有表现得很高兴。

或许,这本就不是她期待的结果。

也许她反倒盼着自己患上了癌症,这样她就可以心安理得地离开这个世界了。这个世界留给她太多痛苦的记忆了,虽然曾经她也幸福过,短暂地幸福过,但是更多的时间里,她都在独自忍受孤单和困苦,然而医院却没法去体会她内心的纠结。她的病治好了,也该出院了。于是,医院安排她1月5日出院。

当时,虽然手术结束了,但三毛身上的麻醉药效力仍未完全消失。年迈的父母整日忧心忡忡地陪伴在她的床前。她让母亲帮她梳洗,说她已经约好了心理医生,很快要过来看她。然而事实上,这只是三毛脑子里的幻象。母亲虽然感觉到了三毛的异常,却没能看出女儿整个精神世界都已经崩塌了。

吃过东西后,三毛告诉父母:"我已经好了,没有病了,你们可以回家了。"

父母没有怀疑,毕竟她身体上的病真的好了,手术很成功,所以陈嗣庆夫妇晚上8点就回家了。刚到家后不久,母亲就接到了三毛的电话。电话里,三毛先是安静地谈了一些关于病情的事情,不一会儿她突然开始急切地说了好多。也不知是因为母亲年纪大了没听清,还是三毛说的本来就是无人能懂的语言,母亲完全没有听懂女儿在说什么。直到最后,母亲终于听明白了女儿的话。

三毛说:"那些小孩又来了。"

母亲知道三毛又产生幻象了,她安慰道:"也许是小天使来守护你呢!"

接着母亲听见那边三毛对着话筒凄凉地一笑,接着就挂了电话。

当天晚上11点多,值夜班的医务人员照例查房,突然发现三毛房间的灯还亮着,于是过去查看。三毛说自己的睡眠状况不好,希望晚上不要被打扰。于是,工作人员听从了她的要求。

第二天,早晨7点1分,医院里的清洁工人已经开始工作了。当女工郑高毓推开了A072室,正准备去打扫房间时,她却被眼前的景象惊呆了:这个病房内的病人在卫生间里吊死了。三毛是用一条咖啡色的长丝袜,挂在浴室吊点滴的挂钩上,自缢身亡的。她吓得浑身无法动弹。

医院马上通知了警方。四个小时后,法医刘家缙和检察官罗荣乾终于赶到病房,并记录下了现场:三毛身穿白底红花睡衣被平放在床上。脖子上的吊痕深而明显,由项前向上,直到两耳旁。舌头外伸,眼睛微张,血液已经沉入四肢,身体呈灰黑色。

经法医鉴定,三毛的死亡时间为1月4日深夜2点左右。通过对病房和浴室进行细致勘查,警方排除了他杀的可能。警方断定,三毛系自缢身亡。同时,警方也指出,三毛自缢的具体方位在浴室内马桶上方,而马桶上安有把手。如果三毛本人尚有求生欲望,那么她完全可以扶住把手保住生命。很显然,三毛一心求死,她放弃了任何求生的可能。上午10点45分,医院将三毛的遗体移交给亲属陈嗣庆夫妇。

得知消息的陈嗣庆夫妇顿时陷入了巨大的悲痛中,他们终究还是失去了心爱的女儿,这个让他们操心了半生的女儿,最终还是离他们而去了。早在三毛上学的时候,她就多次尝试过自杀,爱她的父母一次又一次将她从死神那边拉了回来。后来，因为荷西的意外死亡，她又冒出了自杀的念头，父母为了阻止她费尽心思。如今，她又自杀了，这一次她成功了。

这个女儿生前确实取得了不俗的成就，也给家人带来了荣誉。但是当生命悄然逝去，这一切又有什么意义？只空留亲人的怀念与伤痛。

陈嗣庆谈起三毛的时候说：

她从小就是一个特殊人物，和一般小孩子不一样……人凡是过分敏感，这种危险的倾向总是存在的。

虽然三毛距离川端康成、三岛由纪夫、海明威等世界等级的作家还有一大段距离，但我隐约预感，三毛也会走像他们一样的路。我嘴里虽未说出，但心中阴影一直存在。我揣测，她自己也许觉得这条路走得差不多了吧。我很难形容我的女儿，我想，她一直感到很寂寞吧！

纵然如此，又能怎么办呢？这就是三毛，她内心的寂寞和苦痛，只有她自己能够体会和承担，也只有她自己才能拯救。父亲所能做的纪念三毛的方式，就是将她生前精心布置的育达商校附近的公寓，设立成她的纪念馆。

而已经身患癌症六年的母亲，在得知这一凶信之后，悲痛欲绝，将自己深锁在家中，闭门不出。在这段时间里，她写下了一篇怀念女儿的文章——《哭爱女三毛》。

荷西过世后这些年三毛常与我提到她想死的事，要我答应她，她说只要我答应，她就可以快快乐乐地死去。我们为人父母，怎能答应孩子做如此的傻事？所以每次都让她不要胡思乱想。最近她又对我提起预备结束生命的事，她说："我的一生，到处都走遍了，大陆也去过了，该做的事都做了，我已没有什么路好走了。我觉得好累。"

……

她常对我说："父母在，不远游。"她现在还是走到另一个国度去了，是不是不应该？

孩子走了，这是一个冰冷残酷的事实，我希望以基督教的方式为她治丧。

她有今天的文学事业，都是《联合报》培养的，我也希望请《联合报》来主持治丧事宜。《联合报》造就了她，我也希望报社给予鼎助，使她走得风风光光的。她生前曾对我说喜欢火葬，认为那样比较干净。她生前最喜欢黄玫瑰，她不喜欢铺张，我也要选她在家里平常最喜欢的衣服缀上黄玫瑰给她穿上，外边套上一个漂亮的棺材就行了。她的骨灰，我希望放置在阳明山第一公墓的灵塔上。三毛就这样莫名其妙地走了。我疼爱的孩子，你为什么如此地想不开？

命运夺我爱女，苍天对我，何其残忍？

三毛的离世在社会上引起了广泛关注，各大媒体争相报道她的死讯。三毛自尽的新闻开始铺天盖地地传来，布满了台湾与香港的每一个角落。有报纸的地方，就能看到关于三毛自缢身亡的报道。而对于三毛选择用代表女人美丽与性感的丝袜结束了传奇的一生，也众说纷纭。有人说她可能误以为自己罹患癌症，产生了轻生之念；有人猜测她是因为未能斩获金马奖最佳剧本原创奖项，因此而失落厌世。

对于三毛的一生，来自她的好友们的评价或许是最为接近的。

倪匡说：

三毛对生命的看法与常人不同，她相信生命有肉体和死后有灵魂两种形式。我们应尊重她的选择，不用太悲哀。三毛选择自杀，一定有她的道理。三毛是很有灵性和聪明才智的，也许她是抛下有病的躯体，步入另一形式的生命。三毛的经历丰富，活了四十多岁仿佛活了四百岁。

林青霞则说：

三毛的死，不但她的朋友感到难过，也是文化界的损失。三毛曾说过很羡慕我和秦汉恩爱，也想找一个关心自己、可以谈心及工作上的伴侣，可惜一直未能找到理想的对象。对于死去的丈夫，她仍然十分怀念。她太不注意保护自己。有一次醉酒从楼梯上摔下来，断了三根肋骨，还切掉半个肺，而她却毫不在乎。我曾经劝她不要太过任性，就算自己不在乎自己的身体，也要为父母保养身体。对三毛的死，秦汉也很难过，不知道我们现在还能做什么，但我们愿为她做一切事。

其实，在三毛的世界里，死亡的意识由来已久。它就像一个幽灵，在她的体内藏匿着，时不时地哀啼着，一旦有机会，它便出来作恶。三毛曾说过,生命的意义不在于长短,而在于是否能快乐地活过。虽然这话里难掩几分悲凉和无奈,却也道出了生命的本质。

或许,对于三毛来说,在荷西离去后,她的生命便处于一种假死的状态,她满腔的大爱无处投放,她的精神也空了。所以,她说:"我是一个像空气一样自由的人,妨碍我心灵自由的时候,绝不妥协。"

自然的回声

由于渴望,我常常走向社会的边缘。

前面是草、云海,是绿色、白色、蓝色的自然。这洁净的色彩抹去了闹市的浮尘,使我的心恢复了自己的感知。

我是在记忆吗?似乎也在回忆。因为我在成人之前,就是它们之中的一员:我曾像猛犸的巨齿那样弯曲,我曾像叶子那样天真,我曾像浮游生物那样渺小而愉快,我曾像云那样自由……

我感谢自然,使我感到了自己,感到了无数生命和非生命的历史;我感谢自然,感谢它继续给我的一切——诗和歌。

这就是为什么在现实紧迫的征战中,在机械的轰鸣中,我仍然用最美的声音,低低地说:我是你的。

万物,生命,人,都有自己的梦。

每个梦,都是一个世界。

沙漠梦想着云的背影,花朵梦想着蝴蝶的轻吻,露滴在梦想海洋……

我也有我的梦,遥远而清晰,它不仅仅是一个世界,它是高于世界的天国。

它,就是美,最纯净的美。当我打开安徒生的童话,浅浅的脑海里就充满光辉。

我向它走去,我渐渐透明,抛掉了身后的暗影。只有路,自由的路。

我生命的价值,就在于行走。

我要用心中的纯银铸一把钥匙,去开启那天国的门,向着人类。

如果可能,我将幸福地失落,在冥冥之中。

恰如顾城的这篇《自然的回声》,在很多人的心里,三毛就是这个世界给予人们最真实的回声。

Echo,这也是三毛曾经用过的名字。她曾用此来祈求人间给予她最卑微的认同。

人世间,充斥了太多的悲欢,缘起缘落,几千年来人们为了那些与生俱来的牵绊,忍受着痛苦的煎熬,甘愿奔波劳累。也许,这世间的规则本就是不公平的。

三毛便是如此,她就像是误闯到人间的精灵,但是既然来了,就必然要接受这个世界的残酷和折磨。也正因为她的不合时宜,才遭到了种种的不公,所以她开始了苦难的一生。她的苦难既因命运的拨弄,也有源自内心的落寞。而她之所以落寞,就是因为这个世界对她而言,太过复杂和艰难。

三毛从小就爱看书,其中最喜欢的书就是《红楼梦》。而她最喜欢的章节,不是奢华的大家族生活,不是宝黛之间的凄美爱情,不是那些流传至今的诗篇,也不是金陵十二钗浮沉的命运,而是在最后那一章中,宝玉所唱的歌:

我所居兮,青埂之峰;我所游兮,鸿濛太空。谁与我逝兮,吾谁与从?渺渺茫茫兮,归彼大荒。

红尘、爱情、亲人、朋友、名与利……当生命归于大荒,再回头,看到那些仍在尘世中挣扎的人们,心中竟是一片安然。当一切结束,苦与乐同时消逝,欢与悲携手落幕。

在撒哈拉沙漠的几年于三毛而言,或许是人生中最值得纪念的岁月。在那里,她与心爱的荷西步入了婚姻的殿堂,开始了她人生中最艰苦也最幸福的日子。她曾经以为,那里就是她的大荒。

三毛在散文《江洋大盗》中说,她不过是像宝玉出家那样,头也不回地奔往沙漠罢了。

归彼荒漠,归彼虚无,归彼苍凉……

所以,在三毛的心里,她与荷西结婚,并不意味着她踏入了红尘,反而是她远离红尘的标志。后来,随着荷西的死去,三毛远离红尘的桃源之梦也被荷西带走了。

1989年春,三毛第一次回到大陆,回到她真正的故乡。返回台北后,她悄悄地给父母留下了一封信,就搬到自己的公寓里过起了独居生活。敏感的父亲,似乎预感到了什么,于是他给女儿写了一封长信。

你曾与我数次提到《红楼梦》中的《好了歌》,你说只差一点就可以做神仙了,只恨父母忘不了。

你三度给我暗示,指着那幅照片讲东讲西,字里两个斗大的

"好了"已破空而出。

这两个字,是你一生的追求,却没有时空给你胆子说出来。大概你心中已经好,已经了,不然不会这么下笔。

《红楼梦》之所以讨你的喜欢,当是一种中国人生哲理和文字的混合体。平儿,我看你目前已有所参破,但尚未"了"。

三毛对《红楼梦》的爱持续了一生。虽然她未曾遇到过跛足道人,但是当她困惑和难过的时候,她能想起宝玉的"归彼大荒",而当她历经苦楚和磨难后,又想起了那首《好了歌》。聪明如她,早已在人世几番沉浮后,渐渐明白了其中的意义。

说起三毛的名字,我们仍然会说,这是20世纪七八十年代,中国文坛上最风靡、最受欢迎的作家之一。当时的华语世界,大凡文学爱好者,没有听说过三毛名字的人大概不多。青年读者中,没读过三毛作品的寥寥无几。那时候的三毛已经成了许多少男少女的"青春偶像",成了照耀台北的"小太阳"。

由于三毛精通西班牙文,而且以西班牙语创作了中篇小说,1990年,三毛获得了西班牙颁发的"塞万提斯文学奖"。

三毛曾说过:"生命真是美丽,让我们珍爱每一个朝阳再起的明天。"

她是如此纯真,一如她的生命,她只愿踏实地生活,真实地感受。她不惧怕沿途的艰险与磨难,更能去正视未来的黄昏日落。

三毛是一个被文明捆绑的人,更是一个挣脱了社会枷锁而投身自然的人。她用文字表达着自己对这个世界的情感,也发泄着她痛惜世界的哀怨,她用文字将生命高举在尘世之上。

最后,以那首悠远而熟悉的《橄榄树》作为结尾,一如三毛的一生:

不要问我从哪里来

我的故乡在远方

为什么流浪

流浪远方

流浪

为了天空飞翔的小鸟

为了山间轻流的小溪

为了宽阔的草原

流浪远方

流浪

还有还有

为了梦中的橄榄树橄榄树

不要问我从哪里来

我的故乡在远方

为什么流浪

为什么流浪远方

为了我梦中的橄榄树

不要问我从哪里来

我的故乡在远方

为什么流浪

流浪远方

流浪